ÉLÉMENTS DE GÉOGRAPHIE

ENSEIGNEMENT SECONDAIRE. PROGRAMME DE 1890.

Classe de Quatrième classique

LA TERRE

L'AMÉRIQUE

PAR

JACQUES GEBELIN

PROFESSEUR A LA FACULTÉ DES LETTRES DE BORDEAUX

NOUVELLE ÉDITION, REVUE ET AUGMENTÉE

PAR

MARCEL MARION

PROFESSEUR A LA FACULTÉ DES LETTRES DE BORDEAUX

BORDEAUX

FERET ET FILS, ÉDITEURS

15, cours de l'Intendance.

PARIS

LIBRAIRES ASSOCIÉS

13, rue de Buci.

1899

Ce livre doit être accompagné de l'étude constante de la carte et des explications du maître. Malgré ses dimensions restreintes, il n'est pas destiné aux commençants; ce n'est pas non plus un aide-mémoire.

L'élève ne sait pas toujours choisir parmi les indications des livres et des cartes. Surtout il lui arrive de sacrifier l'essentiel à l'accessoire ou même à l'inutile. J'ai noté pour lui les faits importants et j'ai laissé au maître le soin de les faire comprendre et de les juger.

Le maître n'a pas partout sous la main les documents presque innombrables dont se compose une science comme la géographie, qui se renouvelle sans cesse. J'ai songé plus d'une fois à lui en condensant les résultats récents de publications en langues diverses.

Je n'ai donné ici, au sujet des colonies françaises, que des renseignements d'ensemble. Le lecteur voudra bien, pour plus de détails, se reporter au volume de mes *Éléments de géographie* consacré à la France.

J. Gebelin.

Une mort cruelle et imprévue a enlevé M. Gebelin au moment où il se disposait à donner une nouvelle édition de ses *Éléments de géographie.* Appelé à achever le travail si malheureusement interrompu de mon regretté collègue, je me suis appliqué, le plus possible, à respecter son texte : mon rôle a consisté à y ajouter, sur certains points, quelques développements, à rectifier certains détails devenus inexacts, et à mettre le livre au courant des connaissances géographiques nouvellement acquises ou des faits nouveaux survenus jusqu'à ce jour.

M. MARION.

Bordeaux, janvier 1899.

ÉLÉMENTS DE GÉOGRAPHIE

LA TERRE

I. — Forme, dimensions, mouvements, mesures de la terre.

La *terre* est un sphéroïde, aplati aux pôles et renflé à l'équateur : la longueur du rayon terrestre, qui est en moyenne de 6,366 kilomètres, est de 6,377 kilomètres à l'équateur et de 6,356 aux pôles. C'est une des huit principales planètes du système solaire; elle a un double mouvement : elle tourne sur elle-même en 24 heures; elle tourne autour du soleil en 365 jours un quart environ, d'occident en orient, en sens inverse du mouvement apparent du soleil et des étoiles. Sa superficie est de 510 millions de kilomètres carrés. Elle est plus de 1,400 fois plus petite que Jupiter et 1,280,000 fois plus petite que le soleil.

L'*axe* de la terre est la ligne droite sur laquelle la terre accomplit son mouvement de rotation et qui traverse la terre en passant par son centre; les deux *pôles* (nord ou arctique, sud ou antarctique) sont les deux extrémités de l'axe.

L'*équateur* est le grand cercle qui, passant par le centre de la terre, coupe la sphère terrestre perpendiculairement à l'axe.

Les *parallèles* (degrés de latitude) sont les cercles qui coupent la sphère terrestre perpendiculairement à l'axe et parallèlement à l'équateur.

Les *méridiens* (degrés de longitude) sont les grands cercles qui coupent la sphère terrestre perpendiculairement à l'équateur, en passant par les pôles. Tous les points de la terre qui ont l'heure de midi en même temps sont situés sur un même méridien.

La circonférence du cercle se divise en 360 *degrés*, le degré en 60 minutes, la minute en 60 secondes. Le *mille marin* (1,852 mètres), de 60 au degré, représente, sur le méridien terrestre, la longueur de l'arc d'une minute de degré. Le *mètre* représente la dix-millionième partie du quart du méridien terrestre.

Parmi les parallèles on distingue : le *tropique du Cancer*, à 23° 27' au nord de l'équateur ; le *tropique du Capricorne*, à 23° 27' au sud de l'équateur ; le *cercle polaire arctique*, à 23° 27' du pôle nord ; le *cercle polaire antarctique*, à la même distance du pôle sud.

Les tropiques et les cercles polaires divisent la terre en cinq *zones* : la zone torride, entre le tropique du Cancer et le tropique du Capricorne ; les deux zones tempérées, zone tempérée boréale entre le tropique du Cancer et le cercle polaire arctique, zone tempérée australe entre le tropique du Capricorne et le cercle polaire antarctique ; les deux zones glaciales, zone glaciale arctique au nord du cercle polaire arctique, zone glaciale antarctique au sud du cercle polaire antarctique. Dans la zone torride, les rayons du soleil frappent verticalement, deux fois par an, tous les points ; dans les autres zones, ils ne frappent jamais la terre qu'obliquement.

L'*horizon* terrestre est le contour circulaire dont l'observateur est le centre et où le ciel et la terre semblent se joindre.

On détermine la position relative d'un lieu au moyen des *points cardinaux* (nord, sud, est, ouest). Le nord est le point de l'horizon situé dans la direction du pôle arctique ; le sud est le point situé dans la direction opposée ; la direction est-ouest est perpendiculaire à la direction nord-sud ; l'est se trouve du côté de l'horizon où le soleil semble se lever, l'ouest du côté où le soleil semble se coucher. Entre les points cardinaux on distingue des points intermédiaires (nord-est, nord-ouest, sud-est, sud-ouest).

Pour s'orienter, on peut avoir recours à la *boussole*, instrument dont l'aiguille aimantée a la propriété de se diriger à peu près vers le nord. L'angle que l'aiguille aimantée forme, tantôt à l'ouest, tantôt à l'est, avec la direction vraie du nord, s'appelle la *déclinaison;* la déclinaison varie suivant les lieux et, dans un même lieu, suivant les époques. Les points, d'ailleurs mobiles, vers lesquels l'aiguille aimantée se dirige s'appellent les *pôles magnétiques*.

On détermine la position absolue d'un lieu au moyen de la latitude et de la longitude.

La *latitude* d'un lieu est l'angle que fait la verticale en ce lieu avec le plan de l'équateur, ou, en d'autres termes, la distance de ce lieu à l'équateur, comptée sur le méridien de ce lieu. On compte, depuis l'équateur, marqué 0, jusqu'aux pôles, 90 degrés de latitude nord et 90 degrés de latitude sud. L'intervalle entre 2 degrés de latitude est toujours à peu près le même (111 kilomètres environ).

La *longitude* d'un lieu est l'angle que fait le méridien de ce lieu avec un méridien pris pour point de départ ou premier méridien. Le premier méridien est, en France, celui de Paris; en Angleterre, celui de Greenwich (à 2° 20' à l'ouest du méridien de Paris). On emploie encore le méridien de l'île de Fer (une des Canaries) qui est à 20 degrés de longitude ouest de Paris; celui de Washington (79° 23' 22" long. O.) et celui de Poulkova (27° 54' 26" long. E.). L'unification du méridien serait très désirable, mais présente pratiquement de grandes difficultés. On compte, depuis le premier méridien marqué 0, 180 degrés de longitude est et 180 degrés de longitude ouest. L'intervalle entre les degrés de longitude est d'autant plus petit qu'on s'éloigne de l'équateur pour se rapprocher des pôles, où tous les méridiens se coupent; la distance entre 2 degrés de longitude est d'environ 111 kilomètres à l'équateur, 78 kilomètres à égale distance entre l'équateur et le pôle, et nulle au pôle.

Comme la terre accomplit sa rotation en 24 heures et qu'elle est divisée en 360 degrés, une différence de longitude de 15 degrés équivaut à une différence d'une heure, et une différence d'un degré équivaut à une différence de 4 minutes. Par rapport à l'heure de Paris, l'heure des lieux situés en longitude à l'est du méridien de Paris est en avance, l'heure des lieux situés en longitude à l'ouest de ce même méridien est en retard.

Quand il est midi à Paris, il est :

Midi	40 minutes		....	à Rome.
Midi	44	—	....	à Berlin.
1 heure	52	—	du soir.....	à Saint-Pétersbourg.
2 —	11	—	—	à Jérusalem.
4 —	42	—	—	à Bombay.
5 —	44	—	—	à Calcutta.
7 —	36	—	—	à Pékin.
9 —	55	—	—	à Sydney.
10 —	56	—	—	à Nouméa.
11 —	30	—	—	à Auckland.
11 heures	14 minutes		du matin...	à Lisbonne.
8 —	58	—	—	à Rio de Janeiro.
6 —	54	—	—	à New-York.
6 —	»	—	—	à Chicago.
3 —	40	—	—	à San Francisco.
1 —	20	—	—	à Honolulu.
Minuit	24	—	....	à Apia (îles Samoa).

D'où cette conséquence, qu'une dépêche envoyée à Paris de telle ou telle ville d'Europe orientale ou d'Asie peut arriver à destination à l'heure de son départ, ou même avant.

Si un voyageur fait le tour du monde en se dirigeant vers l'est, il a gagné un jour plein quand il revient à son point de départ ; s'il s'est dirigé vers l'ouest, il l'a perdu. Quand les marins coupent le 180e degré de longitude de Greenwich, adopté comme limite des dates, ils ajoutent un jour, s'ils viennent de l'est ; ils en retranchent un, s'ils viennent de l'ouest.

Depuis la multiplication des chemins de fer, l'heure nationale tend dans chaque pays à se substituer à l'heure locale. Ainsi, Bordeaux étant à 3° long. O. de Paris (exactement 2° 55'), quand il est midi à Paris, il est en réalité 11 h. 48 à Bordeaux ; mais l'heure de Paris est devenue heure légale pour toute la France [1].

L'équateur partage la terre en deux *hémisphères* (boréal et austral) ; le premier méridien partage aussi la terre en deux hémisphères (oriental et occidental).

La rotation de la terre sur elle-même détermine les

[1] Sur ces questions de la mesure du temps, de l'unification de l'heure, etc., cf. les études de M. Gebelin dans le *Bulletin* de la Société de géographie commerciale de Bordeaux (1896).

jours et les *nuits*, suivant que la terre présente au soleil l'une ou l'autre de ses faces; la révolution de la terre autour du soleil détermine les *saisons*, suivant les positions diverses que la terre occupe par rapport au soleil.

L'axe de la terre n'étant pas perpendiculaire au plan de la courbe qu'elle décrit autour du soleil, l'*obliquité de l'axe* explique l'inégalité des jours et des nuits, ainsi que l'alternance des saisons. A l'équateur, le jour et la nuit sont chacun de 12 heures ; au pôle, le jour et la nuit sont chacun de six mois; de l'équateur au pôle, la durée du jour, et réciproquement de la nuit, va en croissant, à mesure qu'on se rapproche du pôle.

La durée du jour le plus long, et par conséquent aussi de la nuit la plus longue, est de :

15 heures	26 minutes	sur le	45°	latitude.
17 —	7 —	—	55°	—
18 —	30 —	—	60°	—
24 —	sur le cercle polaire		(66°32)	—
1 mois environ........		sur le	67°	—
2 —	....	—	70°	—
4 mois et demi environ		—	80°	—

Dans l'hémisphère austral, les dates des saisons, par rapport à l'hémisphère boréal, sont renversées : l'hiver dans l'hémisphère boréal correspond à l'été dans l'hémisphère austral. La moisson du blé, qui se fait en France en juillet, se fait en janvier en Australie et dans la République argentine.

La forme de la terre se rapprochant sensiblement de celle d'une sphère, la terre peut être représentée assez exactement à l'aide d'un globe géographique. Mais la surface d'une sphère n'étant pas une surface développable, les représentations, ou *projections*, de la surface terrestre sur une surface plane (cartes géographiques) ne sont qu'approximatives et altèrent plus ou moins les proportions ou les formes.

Les procédés de projection comportent de nombreuses variétés. Ils peuvent se ramener à deux groupes : les méthodes de perspective, les méthodes de développement.

Dans les méthodes de perspective, la terre est représentée, tantôt (projection orthographique) comme si elle était vue par sa face extérieure et de très loin, tantôt (projection stéréographique) comme si elle était vue par sa face intérieure ou concave.

Dans les méthodes de développement, la surface de la terre est assimilée à une surface développable, comme celle d'un cône, d'un cylindre (projection conique, projection cylindrique).

II. — Les Mers.

Les mers occupent près des trois quarts de la surface du globe. La plus grande étendue d'eaux salées se trouve dans l'hémisphère austral, la plus grande étendue de terres se trouve dans l'hémisphère boréal. Mais, même dans l'hémisphère boréal, les mers couvrent une surface plus grande que les terres.

Dans l'hémisphère boréal, les masses continentales s'allongent autour du pôle; dans l'hémisphère austral, elles cessent à une grande distance du pôle et se terminent en pointe.

Les mers se divisent en cinq océans :

Océan Atlantique, limité à l'est par la côte occidentale d'Europe et d'Afrique, à l'ouest par la côte orientale d'Amérique. — La *Méditerranée*, qui communique avec l'Atlantique par l'étroit passage du détroit de Gibraltar, est comprise entre l'Europe, l'Asie et l'Afrique.

Océan Pacifique ou Grand océan, limité à l'est par la côte occidentale d'Amérique, à l'ouest par la côte orientale d'Asie, les îles de la Sonde, la Nouvelle-Guinée, la côte orientale d'Australie et de Tasmanie.

Océan Indien ou mer des Indes, limité au nord par la côte méridionale d'Asie, à l'est par les îles de la Sonde, la Nouvelle-Guinée, la côte occidentale et méridionale d'Australie, la côte occidentale de Tasmanie, à l'ouest par la côte orientale d'Afrique.

Océan Glacial arctique, au nord du cercle polaire arctique.

Océan Glacial antarctique, au sud du cercle polaire antarctique.

PROFONDEUR DES MERS. — Le fond de la mer n'est pas une surface plane; il présente, comme la surface des terres, des dépressions, des élévations, des plateaux. Les plus grandes profondeurs connues au-dessous de la surface des eaux, supérieures à la hauteur des plus grandes montagnes des continents, sont d'environ 9,000 mètres (9,427 mètres de plus grande profondeur pour le Pacifique, 8,300 pour l'Atlantique, 5,800 pour l'océan Indien, 4,400 pour la Méditerranée). Généralement, dans le voisinage du littoral, la mer est profonde quand elle baigne le pied de pentes escarpées; la couche d'eau est au contraire peu épaisse quand la mer baigne des côtes basses.

L'Atlantique est traversé, dans sa longueur, suivant la direction du nord au sud, par un seuil sous-marin au-dessus duquel la hauteur d'eau est ordinairement de 1,000 à 3,000 mètres. Ce seuil, en forme de S, passe par les Açores, l'Ascension, Sainte-Hélène, Tristan d'Acunha.

A l'est de ce seuil, du côté de l'ancien continent, et à l'ouest, du côté du nouveau continent, l'Atlantique forme une dépression où la profondeur, qui est habituellement de 4,000 à 5,000 mètres, atteint 6,000 mètres en d'assez nombreux endroits et dépasse même en un point 8,300 mètres.

Les plus grandes profondeurs de l'Atlantique dépassent 5,000 mètres du côté de l'Europe (5,100 mètres dans le golfe de Gascogne), 6,000 mètres du côté de l'Afrique (6,100 mètres un peu au nord du tropique du Cancer). Du côté de l'Amérique, les profondeurs sont encore plus fortes; elles dépassent souvent 6,000 mètres et vont, au nord de Puerto Rico, jusqu'à 8,340 mètres, la plus grande profondeur connue de l'Atlantique.

Le seuil qui traverse du nord au sud l'Atlantique se relie par le nord à un plateau sous-marin qui joint les Iles britanniques au Grönland, en passant par les Færöer et l'Islande, et sur lequel la hauteur d'eau demeure inférieure à 1,000 mètres; ce plateau barre le passage aux eaux froides des mers polaires.

En Europe, la profondeur des mers secondaires formées par l'Atlantique est peu considérable; elle n'atteint pas le plus souvent 100 mètres et dépasse rarement 200 mètres. — La Méditerranée est divisée en deux bassins par les bancs sous-marins qui relient la Sicile et la Tunisie; les plus grandes profondeurs sont de 3,700 mètres dans le bassin occidental et de 4,400 mètres dans le bassin oriental. Dans le détroit de

Gibraltar, le fond s'exhausse jusqu'à moins de 400 mètres au-dessous de la surface des eaux (¹).

La Méditerranée américaine (mer des Antilles et golfe du Mexique), une fois et demie plus étendue que la Méditerranée proprement dite, se divise comme elle en bassins. La mer des Antilles est partagée en deux bassins principaux par un seuil sous-marin qui va d'Haïti à la côte du Honduras, en passant par la Jamaïque. Souvent supérieure à 4,000 mètres dans chacun de ces deux bassins, la profondeur atteint jusqu'à 5,200 mètres dans le bassin oriental, qui est le plus vaste, jusqu'à 6,270 mètres dans le bassin occidental. Le golfe du Mexique est beaucoup moins profond que la mer des Antilles. Sur plus d'un tiers de la surface du golfe, depuis la côte jusqu'à de grandes distances au large, la hauteur d'eau demeure inférieure à 200 mètres; au centre du golfe, elle dépasse 3,500 mètres; elle atteint, à l'endroit le plus creux, 3,875 mètres.

Le Pacifique est le plus profond, ainsi que le plus vaste, des océans. La hauteur d'eau est souvent supérieure à 5,000 mètres; dans le Pacifique septentrional (c'est la région du Pacifique où les sondages ont été le plus nombreux), elle dépasse fréquemment 6,000 mètres et atteint 7,000 mètres en moyenne à l'est du Japon et des Kouriles; dans ces mêmes parages, immédiatement à l'est des Kouriles, se trouve une fosse de 8,500 mètres de creux. Entre les Mariannes et les Carolines, une fosse moins large atteint 8,400 mètres de creux. Dans le Pacifique méridional, on a constaté des profondeurs de plus de 9,000 mètres. On a trouvé 9,427 mètres, par 174° de long. O. et 30° 27′ de lat. S., entre les îles Samoa et la Nouvelle-Zélande; c'est la plus grande profondeur connue jusqu'à présent.

Dans la partie occidentale du Pacifique, la mer de Chine et les mers (mer de Soulou, mer de Célèbes, mer de Banda, etc.) qui s'intercalent entre les archipels de la Malaisie, composent un ensemble auquel on a commencé aujourd'hui à donner le nom de Méditerranée malaise ou de Méditerranée asiatique. Cette Méditerranée a pour limites : à l'ouest, le continent d'Asie; à l'est, les Philippines, les Moluques, la Nouvelle-Guinée; au sud, les îles de la Sonde. Elle présente des profondeurs fort variables. Elle atteint ses plus grandes profondeurs dans sa partie orientale (4,600 mètres pour la mer de Soulou, entre les Philippines et Bornéo; 5,000 mètres pour la mer de Célèbes, entre les Philippines et Célèbes; 7,300 mètres pour la mer de Banda, entre les Moluques et les petites îles de la Sonde). Dans la mer de Chine, la profondeur, inférieure à 200 mètres depuis le rivage du continent asiatique jusqu'à de grandes distances au large, demeure ensuite le plus souvent inférieure à 3,000 mètres et atteint 4,300 mètres à l'endroit le plus creux. Toute la partie des eaux marines comprises entre l'Indo-Chine à l'ouest, Bornéo à l'est, Sumatra et Java au sud, est très peu profonde et n'atteint pas 100 mètres.

(¹) Pour la Méditerranée et les mers de l'Europe, voir *l'Europe (moins la France).*

Profond le plus souvent de 4,000 à 5,500 mètres, l'océan Indien atteint 6,200 mètres au sud de Java. La mer Rouge ne dépasse guère 2,200 mètres de profondeur; c'est la plus salée de toutes les mers du globe.

L'océan Glacial arctique renferme, entre le Spitzberg et la Scandinavie à l'est, le Grönland à l'ouest, des profondeurs de 3,000 à 4,000 mètres.

On le croyait peu profond en général; mais l'expédition de Nansen vient de démentir cette opinion, en constatant par 80° de latitude l'existence d'abîmes de 3,500 à 4.000 mètres de profondeur.

Le détroit de Béring est très peu profond (pas même 60 mètres).

La température des mers varie avec la profondeur. En général, elle va en décroissant à mesure que l'on descend vers des couches plus profondes : vers 800 à 1,000 mètres, elle est à peu près uniformément de 4°, puis, plus bas, elle varie de 0 à + 2 dans les mers équatoriales, de 0 à — 2 dans les mers polaires.

Par exception, dans les mers voisines du pôle, l'eau de la surface est plus froide que celle qui est située plus bas, à cause de la présence des glaces. Dans les mers fermées, comme la Méditerranée, qui sont à l'abri des courants polaires (le détroit de Gibraltar est peu profond et ne laisse passer que les courants superficiels de l'Atlantique vers la Méditerranée), la température est extrêmement supérieure à celle des couches profondes des océans; les eaux profondes de la Méditerranée ont une température à peu près uniforme de 12°7'.

FORMATIONS CORALLIENNES. — Les formations coralliennes se trouvent dans les eaux marines les plus chaudes (celles qui ont au moins 20 degrés centigrades de chaleur à la surface); elles ne descendent pas au-dessous de 40 mètres de profondeur. Elles sont particulièrement abondantes dans l'Océanie. Les îles de corail sont composées le plus souvent d'un étroit cordon de corail entourant une étendue d'eau intérieure ou lagon; l'anneau de corail, quand il est complètement fermé, s'appelle *atoll*.

MARÉES. — Outre l'agitation superficielle des vagues, la mer éprouve les oscillations périodiques des *marées* (flux et reflux, chacun deux fois en 24 heures environ). Ces oscillations sont dues à l'attraction exercée sur la mer par la lune et par le soleil. Les plus grandes marées ont lieu vers l'époque des nouvelles et des pleines lunes, c'est-à-dire vers l'époque où l'attraction de la lune et celle du soleil agissent dans la même direction. Inférieure à un mètre en plein océan, loin des côtes, la marée atteint de grandes hauteurs dans les endroits resserrés (12 mètres dans la baie du mont Saint-Michel, 18 mètres dans le détroit de Magellan, 20 mètres dans la baie de Fundy).

COURANTS. — La mer est encore soumise à de grands déplacements d'eaux nommés courants.

Les courants principaux sont : les *courants polaires*, qui transportent dans la direction de l'équateur les eaux froides des régions polaires; les *courants équatoriaux*, qui se meuvent de l'est à l'ouest dans le voisinage de l'équateur. Les causes générales des courants sont : pour les courants polaires, la dépression produite par l'évaporation dans le niveau des mers de la zone torride et la différence de densité entre les eaux tièdes de ces régions et les eaux froides des régions polaires; pour les courants équatoriaux, la rotation de la terre. Une autre cause plus puissante encore a été mise en lumière par Arago : c'est l'action des vents. Ainsi, aux vents alizés, soufflant de l'est à l'ouest, dans les régions tropicales, correspondent les courants équatoriaux; aux contre-alizés, les contre-courants équatoriaux, Gulf-Stream, Kouro-Sivo, etc. Depuis que l'on a observé une concordance entre les vents périodiques et les courants périodiques (ainsi dans l'océan Indien, où à la mousson du nord-est correspond un courant allant d'Asie vers l'Afrique, et à la mousson du sud-ouest un autre courant allant d'Afrique en Asie), il n'est plus permis de douter de la part prépondérante des mouvements atmosphériques dans la formation des courants marins. Parmi les courants polaires, on remarque : dans l'Atlantique, le *courant du Labrador*, qui se dirige de la mer de Baffin jusqu'au banc de Terre-Neuve; dans le Pacifique, le *courant de Humboldt* ou du Pérou, qui longe, du sud au nord, la côte occidentale de l'Amérique du sud. D'autres courants froids longent la côte occidentale de l'Afrique et la côte occidentale de l'Australie. Les glaces flottantes apportées par les courants polaires arrivent, par le nord, jusqu'au banc de Terre-Neuve; par le sud, jusqu'aux approches du cap de Bonne-Espérance et jusqu'au nord du cap Horn. Parmi les courants équatoriaux on remarque le courant équatorial du sud de l'Atlantique qui, parti du golfe de Guinée, vient atteindre le Brésil au cap San Roque et se divise en deux parties, dont l'une suit la côte nord-est de l'Amérique du sud, l'autre la côte sud-est; le courant équatorial du Pacifique, qui aboutit aux Philippines.

Les courants principaux donnent naissance, par leur rencontre, à de nouveaux courants, et les eaux décrivent ainsi, dans chaque océan, des circuits complets et fermés à l'intérieur desquels se trouvent des amas de plantes marines ou *mers des sargasses*. La rencontre des côtes et diverses influences, parmi lesquelles la différence de température et de densité, la direction des vents, la marée, déterminent à leur tour d'autres courants secondaires et des contre-courants.

Parmi les *courants dérivés*, on remarque :

Dans l'Atlantique, le *Gulf-Stream* (courant du golfe), qui entraîne les eaux chaudes du golfe du Mexique dont il sort par le détroit de Floride, se dirige au nord-est jusqu'au banc de Terre-Neuve où il rencontre le courant polaire venu de la mer de Baffin, et s'épanouit ensuite pour baigner les côtes occidentales de l'Europe jusqu'au delà de l'extrémité septentrionale de la péninsule scandinave.

Dans le Pacifique, le *Kouro-Sivo* (fleuve noir), qui longe la côte orientale de Formose et du Japon, se dirige au nord-est et revient au sud le long de la côte occidentale des États-Unis et de la presqu'île de Californie.

Dans l'océan Indien, le *courant de Mozambique*, qui continue du nord au sud le courant équatorial, en passant entre l'île de Madagascar et le continent africain.

Les courants exercent une influence sur la navigation et plus encore sur le climat : le courant de Humboldt rafraîchit les côtes arides du Pérou; le Gulf-Stream réchauffe les côtes occidentales de l'Europe, qui demeurent libres de glaces. Le Kouro-Sivo donne à la côte ouest de l'Amérique une température moyenne très supérieure à celle de la côte est.

III. — Atmosphère.

L'enveloppe gazeuse ou atmosphère qui entoure la terre est sujette à des courants nommés vents. Les grands courants atmosphériques sont dus à la différence de température entre les régions équatoriales et les régions polaires et à la rotation de la terre.

L'air des régions équatoriales étant surchauffé et par conséquent médiocrement pesant, s'élève, et il se produit ainsi un vide, un foyer d'appel, vers lequel se dirigent les vents alizés, qui sont des vents frais. Ces vents devraient souffler du nord dans l'hémisphère boréal, du sud dans l'hémisphère austral; mais par suite de la plus grande rapidité de la rotation de la terre dans les régions équatoriales, les masses d'air qu'ils amènent dévient vers l'occident (en sens inverse de la rotation de la terre); ce qui fait que les vents alizés soufflent du nord-est dans l'hémisphère boréal, du sud-est dans l'hémisphère austral. Et tout courant produisant nécessairement un contre-courant, l'air dilaté se déverse de l'équateur vers les pôles, en formant les contre-alizés, qui se superposent d'abord aux alizés, puis soufflent sur la surface de la terre vers le 30e degré de latitude, du sud-ouest dans l'hémisphère boréal, du nord-ouest dans l'hémisphère austral. Entre les vents alizés se trouve, dans le voisinage de l'équateur, une zone de calmes, à l'endroit où, par leur rencontre, les alizés se neutralisent.

Parmi les courants atmosphériques dérivés sont les *moussons* de l'océan Indien, vents périodiques qui soufflent du sud-ouest au nord-est (mousson d'été), puis du nord-est au sud-ouest (mousson d'hiver).

Les vents locaux, qui soufflent par intervalles irréguliers, ont, comme les moussons, pour cause principale l'inégale répartition de la chaleur (simoun du Sahara; mistral du Bas-Languedoc et de la Provence; pampero de la République argentine).

Le choc des courants atmosphériques dans les régions tropicales est la cause des *cyclones* (ouragans des Antilles, typhons des mers de Chine).

IV. — Les Pluies; Climat.

Pluies. — Les pluies sont dues à l'évaporation, qui constitue les nuages, et à la condensation, qui les fait se résoudre en eau. Elles sont donc surtout abondantes dans les régions où l'évaporation est la plus active, c'est-à-dire dans la zone torride, et sur les côtes ou sur les pentes des montagnes où les nuages amenés par les vents, subissant un abaissement de température, se condensent.

Les pluies sont périodiques dans les régions tropicales, qui ne connaissent que deux saisons (saison des pluies, saison sèche). La périodicité des pluies explique la périodicité des crues de tous les cours d'eau dans ces mêmes régions. A l'équateur et dans son voisinage, tous les mois sont pluvieux et le contraste entre la saison sèche et la saison humide disparaît presque complètement.

Près des tropiques et se prolongeant dans la zone tempérée, se trouvent, dans chaque hémisphère, de vastes régions caractérisées par l'absence à peu près absolue des pluies (déserts) ou par la rareté des pluies (steppes).

Dans l'hémisphère nord, à travers l'ancien continent, une zone à peu près continue de déserts et de steppes, la plus considérable du monde, s'étend depuis l'Atlantique jusqu'aux approches du Pacifique (Sahara, Arabie, Syrie orientale, Iran, Turkestan, Mongolie). L'Amérique du nord présente, dans la région des montagnes Rocheuses, plusieurs déserts (Utah, Colorado, Nouveau-Mexique) et, entre les montagnes Rocheuses et le Mississipi, de vastes steppes (la Prairie).

Dans l'hémisphère sud, on rencontre : en Afrique, les steppes du Kalahari; en Amérique, les steppes (pampas) des républiques de la Plata et de la Patagonie, les déserts du littoral du Pérou et du Chili septentrional (désert d'Atacama); en Australie, les déserts et les steppes qui occupent la majeure partie du continent.

L'aridité est due, pour la plupart de ces régions (comme le Sahara), à ce que les vents qui y dominent sont secs, ayant traversé une région continentale; pour certaines de ces régions (comme le Pérou, l'Amérique du nord, l'Australie), à la présence de hautes montagnes qui retiennent, sur le versant opposé, toute l'humidité.

L'Amérique du sud est, de tous les continents, celui qui reçoit proportionnellement le plus de pluies, et les côtes guyanaises et brésiliennes, le Chili méridional, la partie supérieure du bassin de l'Amazone, sont parmi les régions du globe les plus arrosées. La région intertropicale de l'Afrique, la côte de Malabar, l'Assam, où Tcherrapundji a une moyenne de chute de pluie annuelle de 12m 53, la plus forte que l'on connaisse; les îles de la Malaisie, la côte est de l'Australie, ont aussi de fortes précipitations. En Europe, les côtes occidentales du continent, la Norvège et le massif alpestre, sont les points les plus pluvieux.

CLIMAT. — Le *climat* est le rapport des diverses circonstances physiques d'un lieu (exposition, altitude, végétation, humidité, courants maritimes, courants atmosphériques) avec la latitude. Les climats *marins* sont ceux des pays situés dans le voisinage de la mer ou qui reçoivent l'influence des vents marins; ils sont caractérisés par l'uniformité relative de la température. Les climats *continentaux* ou excessifs sont ceux des pays situés loin de la mer ou qui subissent l'influence des vents de terre; ils sont caractérisés par les écarts de la température. La chaleur en général diminue à mesure que la latitude augmente; mais les influences de l'exposition, de l'altitude, de la distribution des terres et des eaux, apportent à cette règle de considérables exceptions. Aussi, les lignes *isothermes* (lignes dont tous les points ont la même température moyenne annuelle), les lignes *isothères* (celles dont tous les points ont la même température moyenne d'été), les lignes *isochimènes* (celles dont tous les points ont la même température moyenne d'hiver), ne coïncident-elles pas avec la latitude et forment-elles des courbes sinueuses. A latitude égale, sous l'influence des courants océaniques et atmosphériques, les côtes occidentales des continents sont plus chaudes que les côtes orientales. La ligne de plus grande chaleur moyenne (27 degrés centigrades environ), ou équateur thermique, se trouve le plus souvent au nord de l'équateur.

La ligne isotherme de + 20° dans l'hémisphère boréal coupe le Mexique septentrional, passe au nord de Cuba, suit à peu près la côte septentrionale d'Afrique, traverse la Syrie, la Mésopotamie, l'Iran, la Chine méridionale. Celle de + 10°, plus caractéristique, traverse l'Amérique du Nord, du nord-ouest au sud-est, de Vancouver à New-York, est reportée vers le nord par le Gulf-Stream, traverse l'Irlande, le nord-est de la France, la Crimée, puis le continent asiatique jusque vers Pékin. Celle de 0° va de la presqu'île d'Alaska à l'embouchure du Saint-Laurent et traverse l'ancien continent du cap Nord à la Mandchourie russe.

Mais les lignes isothermes ne donnent qu'une idée très différente de la réalité, car ces moyennes peuvent résulter d'écarts considérables, ou d'écarts très faibles, entre les températures maxima et minima.

La température des terres, à une faible distance au-dessous de la surface, demeure la même toute l'année; puis elle s'accroît à mesure qu'on s'enfonce dans les profondeurs. La température de l'air décroît à mesure qu'on s'élève au-dessus du sol; la différence, qui comporte d'ailleurs d'assez fortes variations, est estimée en moyenne à 1° par 180 mètres d'élévation.

Végétaux et Animaux. — Le nombre des espèces végétales et des espèces animales va en diminuant des régions équatoriales aux régions polaires, et, pour une même latitude, à mesure qu'on s'élève.

Les pays froids, les pays tempérés et les pays chauds ont chacun une végétation qui leur est propre; mais les zones de végétation ne coïncident exactement ni avec les zones établies suivant la latitude, ni même avec les zones d'égale température moyenne. De vastes espaces relient, par des transitions insensibles, la végétation des pays tempérés à celle des pays chauds, par exemple dans la partie orientale de l'Asie et de l'Amérique du nord. L'intervention de l'homme a de plus apporté, par la culture et l'acclimatation, des modifications considérables aux conditions naturelles et primitives des plantes.

La région la plus voisine du pôle est, à cause du froid, impropre à la culture; elle est caractérisée par l'absence complète des forêts, la taille exiguë de toutes les plantes, la faible durée de la période de végétation. Les végétaux ne se trouvent que dans les parties basses, là où le sol n'est pas recouvert de neige durant toute l'année; ce sont des mousses et des lichens, des herbes chétives, quelques arbustes rabougris (saule nain, bouleau nain) qui rampent sur le sol.

Cette région comprend, outre les îles et les archipels polaires, l'extrémité septentrionale de la Russie, de la Sibérie, du continent de l'Amérique du nord. La limite septentrionale des forêts forme une ligne sinueuse qui tantôt (en Russie) suit à peu près le cercle polaire, tantôt (en Sibérie) dépasse au nord ce cercle, tantôt (dans l'Amérique du nord) est rejetée au sud de ce cercle.

La partie de la zone tempérée la plus voisine de la zone polaire est occupée, sur les confins de la limite des arbres (Europe, Asie, Amérique du nord), par une large ceinture de forêts composées de conifères (mélèze, pin, sapin), auxquels est associé le bouleau. Viennent ensuite, dans la zone tempérée proprement dite, les arbres à feuillage caduc (le chêne, puis le hêtre et le tilleul, puis le mûrier), et, parmi eux, de nombreux arbres fruitiers (pommier, poirier, cerisier, prunier). La partie la plus chaude de la zone tempérée est caractérisée par l'apparition des arbres à feuillage persistant (olivier, laurier, chêne vert, oranger) et par certains arbres fruitiers à feuillage caduc (figuier, amandier, grenadier). C'est là que la vigne, le châtaignier, le noyer, le pêcher, croissent le mieux. L'olivier ne s'écarte guère du voisinage de la Méditerranée.

Les pays tempérés se prêtent à la culture de nombreuses céréales: l'orge, dont la culture commence dans les régions les plus froides de la zone tempérée, aux approches du cercle polaire, l'avoine; puis le froment, le seigle; dans les contrées les plus chaudes de la zone tempérée, le maïs.

Les pays chauds se distinguent par la puissance de la végétation, le grand nombre des espèces, la prédominance des arbres à feuillage persistant. Parmi les végétaux qui caractérisent ces pays sont le palmier et ses nombreuses espèces, le cocotier des rivages de l'océan Indien et du Pacifique, le bananier, les lianes, les orchidées, les végétaux qui produisent les denrées dites coloniales. La flore des pays chauds, comme celle des pays tempérés, comporte diverses zones: la zone subtropicale (coton, riz, thé, tabac, pavot), qui se relie à la partie la plus chaude de la zone tempérée; la zone tropicale proprement dite (canne à sucre, café, cacao, plantes à caoutchouc, arbre à pain, ananas, épices, bois de teinture). Le long de l'équateur, grâce à la double influence de la chaleur et d'une humidité constante, les forêts vierges occupent de vastes espaces.

Dans tous les pays, la végétation subit, comme la chaleur, une diminution en raison de l'altitude et c'est ainsi que, dans les hauts massifs montagneux, les zones de végétation se superposent: à mesure qu'on s'élève, on rencontre d'abord les arbres à feuillage, plus haut les conifères, puis les buissons, les herbages et enfin les neiges persistantes dont la limite varie suivant les climats, et, pour un même climat, suivant la forme du relief.

Les régions de steppes et de déserts qui se rencontrent dans chaque hémisphère, entre la zone tempérée et la zone tropicale (voir page 17), sont caractérisées par l'absence ou la rareté des arbres (dattier du Sahara) et par le petit nombre des espèces végétales.

Grâce à leur aptitude à se mouvoir, les animaux sont beaucoup plus dispersés sur le globe que les végétaux; l'homme a de plus transporté partout les animaux domestiques. Il y a lieu pourtant de distinguer, dans la distribution des animaux, un certain nombre de zones.

Les contrées voisines du pôle sont caractérisées par le petit nombre des espèces animales et le grand nombre des individus. Dans chacune des deux régions polaires, arctique et antarctique, la faune se compose d'oiseaux de mer (parmi lesquels, pour la région polaire arctique, l'eider) et de mammifères marins (phoque, baleine). La région polaire arctique comprend en outre quelques mammifères terrestres (ours blanc, renard polaire, renne, qui peut être domestiqué). Les régions polaires n'ont pas de reptiles et ne comptent que peu d'espèces d'insectes.

La région des forêts qui bordent, dans l'hémisphère nord, la zone polaire, est habitée par les animaux à fourrure.

La région tempérée est le principal centre d'habitation actuelle pour les animaux domestiques. Elle ne compte, dans l'hémisphère boréal, que peu d'espèces lui appartenant en propre (dans l'ancien continent, le moineau, la fauvette, le rossignol ; dans l'Amérique du nord et dans une faible partie de la Russie, le bison, race qui s'éteint). Les carnassiers (ours, loup, renard), les reptiles (dans l'ancien continent, lézard, vipère) sont peu nombreux; toutefois, l'Amérique du nord a le dangereux serpent à sonnettes.

Les régions de steppes et de déserts situées, dans chaque hémisphère, entre la zone tempérée et la zone tropicale ont, comme faune distinctive, les animaux coureurs ou sauteurs : chameau (Asie et Afrique, dans l'hémisphère boréal); âne sauvage (Asie), zèbre (Afrique); antilope (Afrique); girafe (Afrique australe); kangourou (Australie); autruche (Afrique) et animaux similaires (nandou de l'Amérique du sud, émeu de l'Australie).

La région tropicale renferme de nombreux animaux qui lui sont propres: les grands carnassiers (tigre, lion, panthère), de grands herbivores (éléphant, rhinocéros, hippopotame), les reptiles énormes (crocodile, python de l'ancien continent, boa du nouveau continent), les singes, les oiseaux au plumage bariolé (perroquets) ou aux reflets métalliques (oiseau-mouche), les insectes à grande taille et à formes étranges. Les grands singes à face humaine (orang-outang de la Malaisie, gorille et chimpanzé de l'Afrique), l'éléphant, le rhinocéros ne se trouvent que dans l'ancien continent; l'éléphant d'Asie, qui peut être domestiqué, diffère de l'éléphant d'Afrique resté sauvage; le tigre est spécial à l'Inde, à l'Asie orientale et à la Malaisie; le lion à l'Asie occidentale et surtout à l'Afrique; l'hippopotame ne se rencontre qu'en Afrique, l'oiseau-mouche qu'en Amérique. Dans l'Amérique tropicale les mammifères (le jaguar, qui rappelle le tigre, le couguar, qui rappelle le lion, le tapir, le lama des Andes qui rappelle le chameau) sont en général de plus petite taille que les animaux similaires de l'ancien continent; mais c'est là que les insectes comptent le plus d'espèces et qu'ils sont dotés des plus grandes formes et des plus vives couleurs. Les marsupiaux ne se trouvent que dans l'Amérique du sud et dans le groupe australien.

Le continent d'Australie forme, en effet, avec les îles voisines (Tasmanie, Nouvelle-Guinée, partie orientale de la Malaisie), une région spéciale qui possède une faune distincte (la plupart des mammifères sont des marsupiaux, parmi lesquels le kangourou; ornithorhynque de l'Australie; oiseau de paradis de la Nouvelle-Guinée).

Les grandes îles de l'hémisphère austral (Madagascar, Nouvelle-Zélande) ont aussi des animaux caractéristiques. Les archipels de la Polynésie comptent un assez grand nombre d'oiseaux, très peu de reptiles et n'ont presque pas de mammifères.

Dans les eaux marines, les végétaux ne semblent guère exister que dans les couches superficielles: rares à 100 mètres au-dessous de la surface, la plupart disparaîtraient complètement à 400 mètres environ de profondeur. Au contraire, les animaux vivants se rencontrent dans les plus grandes profondeurs de la mer, où ils représentent des types que l'on avait longtemps considérés comme éteints.

V. — Les Continents.

Sur les 510 millions de kilomètres carrés de la Terre, les mers occupent près des trois quarts (374 millions de kil. carrés) et les terres 136. Les terres occupent une beaucoup plus grande proportion dans l'hémisphère boréal (39 0/0) que dans l'hémisphère austral (14 0/0). Le cercle polaire arctique est presque tout entier situé sur la terre ferme. Les continents présentent leurs plus grandes masses au pôle nord, et se terminent vers le sud en pointes plus ou moins effilées (Amérique du sud, Afrique australe, Tasmanie, Nouvelle-Zélande). Inversement, on pense qu'une mer s'étend au pôle nord, tandis que le pôle sud serait au centre d'un vaste continent antarctique; mais l'opposition de l'hémisphère continental (hémisphère nord) et de l'hémisphère marin (hémisphère sud) n'en est pas moins très marquée.

Les continents de l'Ancien Monde sont en général orientés dans un sens parallèle à l'équateur; ceux du Nouveau Monde le sont dans le sens perpendiculaire, plus exactement oblique. Dans les uns et dans les autres une série de mers intérieures sépare la zone tempérée boréale des régions plus chaudes (Méditerranée, golfe du Mexique, mer de Chine).

Les continents ne sont pas distribués au hasard; ils forment trois groupes harmoniques, d'une étendue à peu près égale :

1° Amérique du nord (22,700,000 kil. carrés) et Amérique du sud (18,700,000).

2° Europe (10 millions de kil. carrés) et Afrique (30 millions et demi).

3° Asie (42 millions) et Australie (7 millions et demi, 11 millions avec les îles qui en dépendent).

Dans chacun de ces groupes, le continent austral est massif, peu découpé; le continent boréal est beaucoup plus articulé, beaucoup plus riche en mers intérieures, golfes, etc. Cette opposition atteint son maximum d'intensité dans le groupe Europe-Afrique, où l'Europe a 1 kilomètre de côte pour 229 kilomètres carrés de superficie (y compris les îles) et l'Afrique 1 pour 1,470 [1]. C'est une des principales raisons de la supériorité de la première pour la civilisation.

Il y en a une autre, provenant du relief du sol.

La structure des continents présente des plaines, terres basses et doucement inclinées vers la mer; des plateaux, masses de hautes terres s'étendant sur de vastes espaces, et des montagnes. Chaque continent présente à cet égard quelque caractère dominant : les deux Amériques ont une longue chaîne de montagnes le long de la côte ouest, et s'abaissent vers l'Atlantique par de vastes plaines; l'Australie a ses montagnes sur la côte est, et se compose pour le reste de plaines plus ou moins désertes et désolées; l'Afrique a son plateau austral; l'Asie son plateau central et les plaines

(1) Asie, 1 pour 763; Amérique du nord, 1 pour 407; Amérique du sud, 1 pour 689.

qui en descendent vers l'océan Glacial et vers le Pacifique; l'Europe, une heureuse combinaison de ces divers types de terrains. En Afrique domine la forme de plateau ; les plus hautes montagnes se dressent près du pourtour : les fleuves doivent s'y frayer passage par des rapides et des cataractes; le centre se trouve ainsi isolé de la mer, et on n'y a pénétré que tardivement, et au prix de grandes difficultés. L'Europe, avec ses plateaux peu nombreux et peu élevés, ses montagnes presque toujours coupées par des dépressions aisément franchissables, ses vastes plaines, a un relief beaucoup plus avantageux.

La majeure partie des deux Amériques, de l'Europe et de l'Afrique est tournée vers l'océan Atlantique, qui se trouve ainsi avoir le versant fluvial de beaucoup le plus étendu.

VI. — **Populations; principales productions du globe.**

On évalue la population totale du globe entre 1 milliard 500 millions et 1 milliard 600 millions d'hommes :

Asie : 800 millions; densité moyenne, 20 habitants au kilomètre carré.

Europe : 370; 37.

Afrique : 200 (?); 6 (?).

Amérique : 126; 3.

Océanie : 40 (dont plus de la moitié à Java).

Cette population est très inégalement répartie entre les diverses parties du monde et dans chacune d'elles. Les régions à climat humide et à sol fertile, voisines des côtes (les îles sont, toutes choses égales d'ailleurs, plus peuplées que les continents), possédant des matières premières, comme par exemple des gisements de houille, sont celles où se pressent les populations les plus nombreuses.

La population de la terre se répartit en trois races principales : la race *blanche* (Europe, Asie occidentale et Inde), qui s'est répandue par la colonisation dans toutes les parties du monde et qui se divise en deux grandes familles : la famille aryenne ou indo-européenne (Hindous, Persans, Slaves, Germains, Latins, Celtes) et la famille sémitique

(Arabes, Juifs, etc.); c'est la plus nombreuse de toutes les races : elle compte environ 650 millions d'individus ; la race *jaune* (Asie orientale et centrale) : elle est représentée par les Chinois, les Japonais, les Mongols, les Tibétains, etc.; en Europe, les Magyars, les Finnois, les Lapons, lui appartiennent; elle compte en tout environ 600 millions d'individus. La race noire habite l'Afrique tropicale et australe, la Mélanésie, et a été transportée par l'esclavage aux États-Unis et dans les Antilles.

Une quatrième race, la race rouge, représentée par les Indiens d'Amérique, est beaucoup moins importante : elle a presque disparu de l'Amérique anglo-saxonne et ne s'est conservée que dans l'Amérique latine.

Les Malais (Malaisie) sont une race mixte entre la race noire et la race jaune; les Polynésiens sont également une race mixte.

Ces diverses races sont fort inégalement douées sous le rapport de l'intelligence. La race blanche, et principalement la race aryenne, l'emporte de beaucoup sur les autres. Habitant généralement des contrées tempérées, où la nature, étant moins prodigue de ses dons que dans les contrées tropicales, excite l'homme au travail, sans l'accabler par une trop grande rigueur, comme dans les régions polaires, elle a été nécessairement amenée à exercer son énergie et à développer toutes ses facultés. Presque toutes les grandes civilisations y sont nées. La race jaune a pu aussi créer de grands empires civilisés (Chine), mais ils sont restés stationnaires. Cependant le peuple japonais paraît depuis quelque temps très apte au progrès et capable de réaliser de grandes destinées.

Les religions qui comptent le plus de sectateurs sont : le *bouddhisme* (Asie orientale et centrale, 500 millions de sectateurs) et le *brahmanisme* (Inde, 200 millions); le *christianisme* (catholiques romains, protestants, église grecque : on compte 220 millions de catholiques, 130 millions de protestants, 100 millions de grecs orthodoxes); l'*islamisme* (Asie occidentale, partie de l'Inde, partie de l'Asie centrale et orientale, Afrique du nord, majeure partie de la Malaisie, faible partie de l'Europe du sud-est et de l'est, 170 millions); le *fétichisme* (nègres); le *judaïsme*, disséminé sur toute la terre.

Les principaux pays de production des denrées de consommation et des matières premières sont les suivants :

Céréales en général : États-Unis, France, Russie, Allemagne.

Blé : États-Unis, France, Russie, Inde; maïs : États-Unis.

Riz : Asie orientale, Malaisie. La plus grande partie de la population du globe vit de riz.

Moutons : Australasie, République argentine, Russie, États-Unis; bœufs : États-Unis, Russie, République argentine; porcs : États-Unis.

Vin : France, Italie, Espagne.

Sucre de canne : Cuba et les Antilles, Java et la Malaisie.

Sucre de betterave : Europe (Allemagne, Autriche-Hongrie, Russie, France).

Café : Brésil, Java, Haïti, Vénézuéla, Amérique centrale et Mexique.

Thé : Chine, Inde et Ceylan, Japon.

Cacao : Amérique tropicale (Équateur, Vénézuéla, Amérique centrale).

Tabac : États-Unis, Cuba, Brésil, Malaisie (Java et Philippines), Turquie d'Asie.

Opium : Inde.

Huile d'olive : régions voisines de la Méditerranée (Italie, Espagne); plantes oléagineuses : Inde, Afrique tropicale.

Métaux précieux : États-Unis, Australasie, Mexique; or : États-Unis, Transvaal, Australasie, empire russe; argent : États-Unis, Mexique, Bolivie. — Diamants : le Cap.

Houille, fer : Grande-Bretagne, États-Unis, Allemagne, France, Belgique.

Pétrole : États-Unis, Transcaucasie.

Cuivre : Chili, États-Unis, Espagne; plomb : États-Unis, Espagne; étain : presqu'île de Malacca, îles de Banca et Billiton, Australie.

Mercure : Espagne, États-Unis, Autriche; platine : Oural.

Coton : États-Unis, Inde, Égypte, Brésil.

Laine : Australasie, République argentine, États-Unis, Russie.

Soie : Chine, Japon, Italie.

Lin : Russie; chanvre : Russie, Italie; jute : Bengale; henequen (fibre textile de l'agavé) : Mexique.

La grande production industrielle est concentrée en Europe (Grande-Bretagne, Allemagne, France) et aux États-Unis. Les pays dont le commerce extérieur est le plus considérable sont aussi la Grande-Bretagne, les États-Unis, l'Allemagne, la France.

La Grande-Bretagne occupe le premier rang dans le monde pour le nombre des navires à voiles et à vapeur. Les États dont la marine marchande est la plus considérable sont ensuite les États-Unis, l'Allemagne, la Norvège, la France.

Les États-Unis l'emportent de beaucoup sur les autres pays du monde pour la longueur des voies ferrées.

Le système métrique décimal des poids et mesures est légalement admis, soit à titre obligatoire, soit à titre facultatif, dans la plus grande partie du monde civilisé. La population totale des pays où il est obligatoire dépasse 300 millions d'habitants.

VII. — Grandes communications maritimes et télégraphiques.

Communications maritimes. — L'Europe est en communications régulières par bateaux à vapeur avec les autres parties du monde. Les principaux ports d'attache des paquebots sont : pour l'Angleterre, Liverpool, Londres, Southampton; pour la France, le Havre (services de l'Amérique du nord), Saint-Nazaire (services de la mer des Antilles et du golfe du Mexique), Bordeaux (services de l'Amérique du sud), Marseille (services de la Méditerranée, de la mer des Indes et de l'Extrême-Orient); pour l'Allemagne, Hambourg, Bremerhafen; pour la Hollande, Rotterdam, Amsterdam; pour la Belgique, Anvers; pour l'Autriche-Hongrie, Trieste; pour l'Italie, Gênes; pour l'Espagne, Barcelone; pour le Portugal, Lisbonne.

Les États européens multiplient aujourd'hui leurs lignes de grandes communications maritimes. Parmi ces lignes on distingue :

Atlantique. Liverpool à Halifax.

Liverpool, le Havre, Hambourg, Bremerhafen, Amsterdam, Rotterdam, Anvers à New-York. On va du Havre à New-York en huit jours.

Liverpool, Southampton, Saint-Nazaire, Hambourg, Barcelone, aux Antilles et aux ports de l'Amérique centrale (Vera-Cruz, Colon). On va de Saint-Nazaire à Vera-Cruz par la Havane en 19 jours, à Colon en 20 jours.

Liverpool, Southampton, Bordeaux, Hambourg, Bremerhafen, Anvers, Gênes, aux ports du Brésil et du Rio de la Plata. On va de Bordeaux à Buenos Aires en 21 jours par Lisbonne, Dakar, Rio de Janeiro, Montevideo.

Southampton au Cap (20 jours) et à Natal.

Liverpool, Hambourg, le Havre et Bordeaux, Marseille, à la côte occidentale d'Afrique jusqu'à Loango pour les services français, jusqu'à Loanda pour les autres services.

Lisbonne aux colonies portugaises d'Angola et de Mozambique.

Mer des Indes et Extrême-Orient. Londres à Bombay, à Calcutta, à Shanghaï, à Sydney.

Marseille à Yokohama (42 jours) par le canal de Suez, Aden, Colombo, Singapour, Saigon, Hong-Kong, Shanghaï. — Aden à Bombay.

Marseille à Nouméa (42 jours) par le canal de Suez, Aden, Mahé, Adélaïde, Melbourne, Sydney.

Marseille à Maurice (28 jours) par le canal de Suez, Aden, Zanzibar, Tamatave, la Réunion.

Bremerhafen à Shanghaï, à Sydney.

Trieste à Bombay, à Hong-Kong.

Amsterdam, Rotterdam à Batavia.

Gênes à Hong-Kong.

Barcelone à Manille.

Tous ces services passent par le canal de Suez. Aden est le point de croisement des lignes de la mer des Indes.

Pacifique. Liverpool à Valparaiso.

Hambourg à la côte occidentale de l'Amérique du sud.

San Francisco à Panama. — Panama à Valparaiso.

Vancouver, San Francisco à Hong-Kong par Yokohama et Shanghaï.

San Francisco à Sydney par Honolulu, Auckland.

On va de Londres à Hong-Kong en 34 jours par le canal de Suez, en 36 jours en passant par le transcanadien.

Communications télégraphiques. — L'Europe est rattachée par de grandes lignes télégraphiques : à l'Amérique, à la côte d'Afrique, à l'Asie orientale, à la Malaisie, à l'Australie, à la Nouvelle-Zélande. Il n'existe pas encore de communication qui unisse, à travers le Pacifique, les lignes d'Amérique avec les lignes d'Asie et d'Australasie.

L'Europe est reliée à l'Amérique du nord par les lignes (dix câbles) qui, partant des Iles britanniques (Valentia en Irlande; Penzance, au sud-ouest de l'Angleterre) et de France (Brest), atterrissent à Terre-Neuve, à Saint-Pierre et à la Nouvelle-Écosse.

L'Europe est reliée à l'Amérique du sud par la ligne de Lisbonne à Récife, qui passe par Madère et les îles du Cap-Vert.

Une ligne partant de la côte de Floride dessert les Antilles et aboutit à la côte de Guyane. La ligne des Antilles projette des embranchements sur la Guayra et sur Colon.

Des câbles télégraphiques contournent le continent africain dont ils desservent les ports. Plusieurs câbles relient directement Marseille à l'Algérie.

L'Europe est jointe à l'Inde : 1° par une ligne en majeure partie sous-marine qui passe par la Méditerranée (de Gibraltar à Alexandrie), l'Égypte, la mer Rouge, Aden et atterrit à Bombay; 2° par une ligne en majeure partie continentale qui traverse la Turquie d'Asie et le golfe Persique pour atterrir à Karatchi. — De Madras un câble atteint

Singapour. De Singapour la ligne se prolonge : 1° jusqu'au Japon, en desservant les ports de l'Indo-Chine orientale et de la Chine; 2° jusqu'à la Nouvelle-Zélande; elle passe par Java, traverse l'Australie du nord au sud et aboutit à la Nouvelle-Zélande par un câble qui part de Sydney.

Une ligne tout entière continentale unit également l'Europe à l'Extrême-Orient. Cette ligne, située en territoire russe, traverse la partie méridionale de la Sibérie (Omsk, Tomsk, Irkoutsk, la vallée de l'Amour) et aboutit à Nicolaïevsk et à Vladivostok, sur le Pacifique. Elle se relie, par un câble jeté de Vladivostok à Nagasaki, à la ligne de Singapour au Japon.

Il ne manque plus qu'une ligne traversant le Pacifique pour que le globe soit entièrement entouré d'un réseau télégraphique.

L'AMÉRIQUE

AMÉRIQUE DU NORD

L'Amérique du nord est comprise entre l'océan Glacial arctique, l'océan Atlantique, l'océan Pacifique; elle est reliée à l'Amérique du sud par l'isthme de Panama. Elle s'étend de 71° à 9° de latitude nord, de 61° à 170° de longitude ouest.

L'océan Glacial arctique renferme, au nord du continent américain, une grande terre, le Grönland, et un vaste archipel, l'archipel polaire américain, séparé du Grönland par le détroit de Davis, la mer de Baffin et les détroits de Smith et de Kennedy, situés au nord de cette mer dans la direction du pôle.

Le **Grönland** est une grande île de plus de 2 millions de kilomètres carrés, montueuse et froide, dont les hauteurs connues ont de 1,000 à 2,000 mètres et dépassent parfois 3,000 mètres; il est terminé au sud par le cap Farewell; au nord, il se termine vers le 82e degré. Le voyage du lieutenant Peary en 1892 a démontré qu'il était isolé de ce côté. Le littoral est découpé de fjords. La côte occidentale, depuis le cap Farewell jusqu'au 73e degré de latitude, avec l'île Disko, est accessible pendant quelques mois de l'année; elle est habitée par une dizaine de mille Esquimaux, convertis au protestantisme, et appartient au Danemark. Le reste du Grönland est désert à peu près partout, encombré de glace le long des côtes, couvert de neige à l'intérieur. Un seul voyageur, Nansen, l'a traversé d'une côte à l'autre, par 65° de latitude. Les montagnes du littoral inclinent leurs glaciers jusqu'à la mer, où ils projettent de grandes masses de glaces flottantes ou *icebergs*.

L'**archipel polaire** américain est glacé et désert; on y rencontre tout au plus quelques misérables campements d'Esquimaux, situés dans les îles voisines du continent et principalement dans la Terre de Baffin.

L'archipel polaire américain comprend du nord au sud les régions suivantes :

1° Une terre dont les diverses parties portent le nom de Terre de Grant, Terre de Grinnell, Terre Ellesmere, et que les détroits de Smith et de Kennedy séparent du Grönland.

2° Le North-Devon, l'archipel Parry (île Bathurst, île Melville, île du Prince Patrick, etc.).

3° La Terre de Baffin, l'île North-Somerset, la Terre du Prince de Galles, la Terre du Roi Guillaume, la Terre du Prince Albert, la Terre de Banks.

Sur les côtes du continent américain, dans la même région glacée, sont la presqu'île Melville, la presqu'île Boothia Felix, le cap Barrow.

Les principaux passages, rendus le plus souvent impraticables par la banquise, sont :

Entre le Grönland et l'archipel polaire, dans la direction du pôle, au nord du détroit de Davis et de la mer de Baffin, une série de passages plus ou moins larges (détroits de Smith, de Kennedy, de Robeson).

Entre les terres arctiques, dans le sens du parallèle :

1° Le détroit de Jones.

2° Le *passage nord-ouest* (détroits de Lancastre, de Barrow, bassin de Melville, détroit de Mac Clure ou de Banks).

3° Le long des côtes continentales, le passage nord-ouest méridional (détroits d'Hudson, de Fox, de Fury et Hékla, de Bellot, de Franklin, de Dease, de Dolphin et Union).

Dans le sens du méridien, entre les deux passages nord-ouest : le détroit du Prince Régent, le détroit de Mac Clintock.

L'Atlantique forme la baie d'Hudson, le golfe du Mexique, la mer des Antilles. On rencontre sur l'Atlantique, du nord au sud : la baie et le détroit d'Hudson, la presqu'île rocheuse du Labrador, le golfe du Saint-Laurent, la presqu'île de la Nouvelle-Écosse ou Acadie avec la baie de Fundy. La moitié septentrionale du littoral des États-Unis présente de nombreuses découpures (cap Cod, baie

Delaware, baie Chesapeake); la côte est ensuite bordée de lagunes, séparées de la mer par des cordons de sable sur l'un desquels est le cap Hatteras. La presqu'île de Floride, basse et marécageuse, est séparée des bancs de Bahama par le détroit de Floride.

Le golfe du Mexique, au littoral bas et bordé de lagunes, renferme le delta du Mississipi et le golfe de Campêche. La presqu'île du Yucatan est située entre le golfe du Mexique et la mer des Antilles ou des Caraïbes, sur laquelle est le golfe de Honduras.

Les principales îles de l'Atlantique sont : Terre-Neuve, Anticosti, l'île du Prince Édouard, l'île du Cap-Breton, Long-Island, les Bermudes, les îles Bahama et les Antilles.

L'océan Pacifique, relié à l'océan Glacial arctique par le détroit de Béring, présente, au nord, la mer de Béring, la presqu'île d'Alaska. La côte nord-ouest de l'Amérique jusqu'à la frontière des États-Unis est découpée et précédée de nombreuses îles (îles Aléoutiennes, île Kadiak, île Baranoff, île du Prince de Galles, archipel de la reine Charlotte, île Vancouver avec le détroit de Juan de Fuca). Le littoral devient ensuite plus massif et présente, comme principaux accidents, la baie de San Francisco, la presqu'île et le golfe de Californie, le golfe de Téhuantépec, la baie de Fonseca, le golfe de Panama.

Le relief de l'Amérique du nord est très simple; il comprend :

A l'ouest, parallèlement au Pacifique, le haut et large système des montagnes Rocheuses.

A l'est, parallèlement à l'Atlantique, le système des Appalaches, de hauteur secondaire.

Entre les montagnes Rocheuses et les Appalaches, une immense plaine.

Les **montagnes Rocheuses** sont une haute terre, généralement composée de deux chaînes principales entre lesquelles sont enfermés des plateaux. Cette haute terre s'étend jusqu'au Pacifique. Au centre, dans les États-Unis, elle atteint jusqu'à 1,500 kilomètres de large. Elle renferme de vastes gisements de métaux précieux (argent, or).

Le système des montagnes Rocheuses commence à l'extrémité nord-ouest de l'Amérique, sur le territoire d'Alaska; il se continue sans interruption jusqu'à la dépression de l'isthme de Téhuantépec.

Sur la côte sud-ouest du territoire d'Alaska, le mont Saint-Élie dépasse 5,500 mètres d'altitude; le volcan Wrangell, dans l'intérieur des terres, en a 5,300.

Sur le territoire de la Puissance du Canada et des États-Unis, la chaîne orientale porte plus spécialement le nom de *montagnes Rocheuses;* la chaîne occidentale porte le nom de *chaîne des Cascades* (Cascade Range), puis, aux États-Unis, de *Sierra Nevada.*

Dans la chaîne des Rocheuses, on remarque le mont Brown (4,800 mètres), le mont Hooker (4,780), la passe *du Cheval qui rue* (1,614 mètres) qui sert de passage au transcontinental canadien, puis, dans les États-Unis, la féerique contrée du Parc national du Yellowstone, avec ses gorges sauvages, ses geysers grandioses, ses lacs et ses cascades; le pic Frémont, la passe Laramie (2,672 mètres), route du chemin de fer de New-York à San Francisco, le pic Blanca. La chaîne littorale, à travers laquelle les fleuves du plateau colombien, le Fraser, l'Orégon ou Columbia, se sont frayé passage, a les monts Rainier, Saint-Helens, Shasta, où commence la superbe chaîne de la Sierra Nevada, avec ses immenses forêts d'arbres gigantesques et ses célèbres gisements aurifères sur le versant ouest, argentifères sur le versant est. Elle a dans sa partie méridionale le plus haut sommet des États-Unis, le mont Whitney (4,541 mètres). Abondamment arrosée par les vents d'ouest, elle reçoit de grandes quantités de neige, et ses sommets n'en sont jamais entièrement débarrassés, d'où son nom.

Au contraire, le plateau de 1,000 à 1,500 mètres qui s'étend entre la chaîne des Cascades et la Sierra Nevada, à l'ouest, et les montagnes Rocheuses, à l'est, est souvent aride, surtout dans les parties les moins élevées. L'eau y est rare et les efflorescences salines nombreuses (grand Lac Salé). Vers le sud apparaissent même de véritables déserts : *grand désert américain*, Death Valley ou vallée de la Mort, désert

Mohave, désert du Colorado. Ce plateau est très accidenté : une série de chaînes orientées du nord au sud, dont la principale est celle des monts Wahsatch, le sillonne à la latitude du grand Lac Salé. Les fleuves y coulent profondément encaissés. Le Colorado surtout parcourt, entre les dernières pentes des monts Wahsatch et le grand plateau qui porte son nom, un immense défilé connu sous le nom de Grand Cañon.

Au Mexique, les deux chaînes principales sont désignées par divers noms locaux où prévaut, à l'ouest comme à l'est, le nom de *Sierra Madre*. Le plateau d'Anahuac, sur lequel est Mexico, a pour rebord, au sud, une haute chaîne volcanique (volcans du Popocatepetl, 5,391 mètres, avec des neiges persistantes; du pic d'Orizaba, 5,577 mètres, probablement le point culminant de l'Amérique du Nord).

Les montagnes de l'Amérique centrale forment une série de massifs distincts qui s'abaissent, au nord, sur l'isthme de Téhuantépec, au sud, sur l'isthme de Panama. Elles renferment de nombreux volcans : volcan de l'Eau, du Feu, près de Guatemala; le Coseguina, près de la baie de Fonseca, peu élevé, mais dont les éruptions sont terribles : le pays est sujet à de fréquents tremblements de terre. Les dépressions qui séparent les massifs constituent, entre l'Atlantique et le Pacifique, plusieurs isthmes, parmi lesquels ceux de Téhuantépec (230 mètres d'altitude), de Nicaragua (46 mètres, avec le lac de Nicaragua), de Panama (87 mètres).

Les **Appalaches** (entre l'Ohio et le Saint-Laurent à l'ouest, l'Atlantique à l'est) sont des montagnes peu élevées et s'abaissent en pente douce (900 mètres de hauteur moyenne, avec quelques sommets qui ne dépassent guère 2,000 mètres). Les Appalaches se composent de chaînes et de plis de terrain parallèles, alignés du sud-ouest au nord-est et comprenant deux rangées principales que sépare une vallée presque continue : à l'ouest, les monts Cumberland, les monts Alleghanys, les monts Adirondack; à l'est, les montagnes Bleues, qui contiennent le Black-Dom (2,044 mètres), point culminant du système appalachien; les montagnes Vertes. Ces montagnes sont coupées de nombreuses brèches qui offrent des passages faciles. Elles renferment de riches gisements de fer, de houille, de pétrole.

Au nord du Saint-Laurent se trouvent les *Laurentides*, ensemble peu élevé (500 mètres d'altitude moyenne, avec des sommets de 1,200 mètres) de montagnes et de plateaux qui se prolongent jusque dans le Labrador et sur le pourtour de la baie d'Hudson.

Entre les montagnes Rocheuses et les Appalaches, entre le littoral de l'océan Glacial que la banquise relie à l'archipel polaire et le littoral du golfe du Mexique que parcourent les eaux chaudes du Gulf-Stream, est une immense plaine, occupée, dans sa partie la plus peuplée et la plus productive, par le bassin du Mississipi. A l'ouest du Mississipi, la plaine, à peu près sans arbres, constitue la *Prairie;* les monts Ozark, le Llano Estacado, la relient insensiblement aux montagnes Rocheuses; à l'est du Mississipi, la région des forêts, que la colonisation déboise de plus en plus, s'étend, par-dessus les Appalaches, jusqu'à l'Atlantique.

Hydrographie.

Versant de l'océan Glacial

1° Le *Mackenzie* (4,600 kilomètres) naît dans les montagnes Rocheuses sous le nom d'Athabaska et traverse les immenses solitudes glacées des territoires nord-ouest. Il déverse les eaux de nombreux lacs : lac Athabaska, grand lac des Esclaves, grand lac de l'Ours, et se termine par un vaste delta. Son principal affluent de gauche, la rivière de la Paix, s'est frayé passage à travers les montagnes Rocheuses par un gigantesque cañon.

2° Le *Nelson*, qui arrive à la baie d'Hudson, appartient aussi à l'immense région lacustre qui, du grand lac de l'Ours jusque vers l'embouchure du Saint-Laurent, forme tout autour de la baie d'Hudson comme un demi-cercle de gisements d'eau douce, communiquant souvent les uns avec les autres. Il sort du lac Winnipeg, centre important, qui reçoit à l'ouest la Saskatchewan, formée de la Saskatchewan du nord et de celle du sud ; au sud, la rivière Rouge, aux sources voisines de celles du Mississipi, qui arrose Winnipeg, capitale de la fertile province du Manitoba, et reçoit à gauche l'Assiniboine ; au sud-est, la rivière Winnipeg, qui, par les lacs des Bois et de la Pluie et quelques portages, constitue une communication avec le lac Supérieur.

Versant de l'Atlantique

1° Le *Saint-Laurent,* qui sert d'écoulement aux lacs *Supérieur, Michigan, Huron, Érié, Ontario.* L'ensemble de ces lacs forme la plus vaste étendue d'eau douce qu'il y ait au monde. Sur le lac Michigan sont Milwaukee et Chicago ; sur le lac Érié, Cleveland et Buffalo ; sur le lac Ontario, Toronto. Le lac Supérieur se déverse dans le lac Huron par des rapides (le sault Sainte-Marie, 5 mètres et demi de hauteur totale) ; le lac Huron et le lac Michigan sont de niveau ; le lac Huron communique avec le lac Érié par la rivière Saint-Clair et le lac Saint-Clair, au débouché duquel est Détroit ; le lac Érié (172 mètres d'altitude) communique avec le lac Ontario (71 mètres) par la rivière du Niagara, qui forme la *chute du Niagara* (47 mètres de haut). Le Saint-Laurent sort du lac Ontario ; au débouché du lac, il forme de nombreuses îles ; il est coupé de rapides jusqu'aux approches de Montréal ; il passe à Montréal, Québec et finit par un estuaire large et profond. Les plus grands vaisseaux de guerre remontent jusqu'à Québec, les grands navires de commerce jusqu'à Montréal. Le Saint-Laurent reçoit à gauche l'*Ottawa,* qui passe à Ottawa et finit près de Montréal, le Saint-Maurice, le Saguenay ; à droite, le Richelieu, déversoir du lac Champlain.

Puis les nombreux cours d'eau venus des Appalaches :

1° Le *Connecticut,* qui passe à Hartfort.

2° L'*Hudson,* qui passe à Troy, Albany et finit à New-York.

3° La *Delaware,* qui passe à Philadelphie et se jette au fond de la baie Delaware.

4° La *Susquehannah,* qui passe à Harrisburgh ;

5° Le *Potomac,* qui passe à Washington ;

6° Le *James*, qui passe à Richemond, finissent tous trois dans la vaste baie Chesapeake.

Les fleuves du sud, moins profonds, dépourvus d'estuaires, sont beaucoup moins utilisables pour la navigation. Citons le *Roanoke*, le *Santee*, la *Savannah*, qui finit à Savannah.

Versant du golfe du Mexique

Le principal fleuve du golfe du Mexique et un des plus grands du monde est le *Mississipi*. La région des sources du Mississipi renferme de nombreux petits lacs et n'est séparée que par un faîte indécis de la haute vallée de la rivière Rouge du nord, dont les eaux vont au lac Winnipeg. Le Mississipi passe à Minneapolis, Saint-Paul, Saint-Louis, Cairo, au confluent de l'Ohio. Il entre ensuite dans une plaine basse, où il forme de nombreux méandres, bayous. Des levées latérales, parfois insuffisantes, protègent les campagnes riveraines. Il passe à Memphis, Vicksburg, la Nouvelle-Orléans et forme un vaste delta marécageux qui, par les apports du fleuve, s'avance annuellement de 80 à 100 mètres aux dépens de la mer. Il a 3,940 kil. de cours.

Des travaux exécutés à l'embouchure du Mississipi ont ouvert l'accès du fleuve aux plus grands navires. Les vapeurs fluviaux remontent jusqu'à Minneapolis, où le sault Saint-Antoine interrompt la navigation.

Le Mississipi reçoit à gauche : le Wisconsin ; l'Illinois ; l'*Ohio* (1,500 kilomètres), qui sort des Appalaches, passe à Pittsburg, Cincinnati, Louisville, et reçoit à gauche le Cumberland, le Tennessee. Les bateaux à vapeur remontent l'Ohio jusqu'à Pittsburg.

Le Mississipi reçoit à droite :

1° Le Minnesota.

2° Le Missouri. Ce fleuve immense (3,865 kilomètres ; 5,882 de la source du Missouri à l'embouchure du Mississipi) se forme de trois torrents qui naissent sur le revers occidental des montagnes Rocheuses et s'y frayent de pittoresques passages. Son bassin supérieur est encore peu peuplé ; dans la plaine, il arrose Yankton, Omaha, Kansas

City, Jefferson et se jette, un peu au-dessus de Saint-Louis, dans le Mississipi, auquel il apporte plus d'eau qu'il n'en roule lui-même. Le Missouri est grossi à gauche du Dakota, à droite du Yellowstone, venu du Parc National, de la rivière Platte ou Nebraska, du Kansas.

3° L'Arkansas, très long aussi, mais moins abondant, qui arrose Little-Rock.

4° La Rivière Rouge.

Le golfe du Mexique reçoit encore à l'est du Mississipi l'Alabama, qui se termine dans la baie de Mobile; à l'ouest, la Sabine, le Colorado du Texas, rivières peu navigables, qui se terminent dans les lagunes de la côte texienne. Le Rio Grande del Norte, qui passe près de Santa-Fé, est beaucoup plus long (2,300 kilomètres), mais peu abondant. Son cours inférieur marque la limite entre les États-Unis et le Mexique.

Dans la mer des Antilles finit le Rio San Juan, qui sert d'écoulement au lac Managua et au lac de *Nicaragua*.

Quelques parties du plateau entre la Sierra Nevada et les montagnes Rocheuses sont sans communication avec la mer; leurs cours d'eau se déversent dans des lacs intérieurs : Grand Lac salé, lac Humboldt, etc.

VERSANT DU PACIFIQUE

1° Le Youkon, immense et puissant fleuve de plus de 3,000 kilomètres. La découverte de riches gisements d'or au Klondyke, près de la frontière anglo-alaskienne, attire aujourd'hui l'attention et va peut-être donner quelque importance à son bassin, stérile, glacé et inhabité.

2° Le Fraser, qui coule profondément encaissé dans le plateau colombien.

3° Le Columbia ou Orégon, grossi à gauche de la longue rivière Snake, venue des montagnes Rocheuses, tout près des sources du Missouri et du Yellowstone.

4° Le Sacramento, qui coule dans la longue vallée de Californie, entre la Sierra Nevada et la chaîne de la côte, arrose Sacramento et se jette dans la baie de San Francisco.

5° Le Colorado (2,000 kilomètres), né sous le nom de

Green River, traverse les défilés les plus grandioses que l'on connaisse dans le monde (parois hautes quelquefois de 1,800 mètres) et se jette au fond du golfe de Californie.

6° Le Rio Grande de Santiago, le principal fleuve du Mexique, mais non navigable, arrose Guadalajara et déverse les eaux du lac Chapala. Un affluent de ce lac, le Lerma, a une de ses sources non loin de Mexico.

L'Amérique septentrionale, qui s'étend depuis les régions polaires jusqu'au neuvième degré de latitude nord, a progressivement tous les climats : les froids rigoureux et constants des terres arctiques; les quatre saisons des pays tempérés; les chaleurs permanentes de la zone torride où l'année ne comprend que deux saisons, la saison des pluies et la saison sèche.

Les terres qui précèdent au nord le continent américain sont couvertes de neige, enchâssées le plus souvent dans la banquise et, sauf quelques points de la côte sud-ouest du Grönland, inhabitées à peu près partout.

La partie septentrionale du continent américain (territoire d'Alaska, majeure partie de la Puissance du Canada) a les caractères de la Sibérie et est presque déserte; elle n'a guère pour végétation que des lichens dans les régions voisines des mers boréales et, plus au sud, se couvre de forêts; les fleuves et les lacs demeurent gelés pendant plus de la moitié de l'année; la baie d'Hudson n'est guère libre de glaces que pendant trois mois; la chasse des animaux à fourrures et la pêche sont les seules industries. On a constaté des froids de — 55° dans le bas Mackenzie.

La partie méridionale de la Puissance du Canada (bassins du lac Winnipeg, du Saint-Laurent) a encore des froids rigoureux : le Saint-Laurent gèle pendant cinq mois; mais l'air est sain et le sol se prête à la colonisation (céréales, élevage).

Les régions les plus méridionales de l'Amérique du nord (partie des États-Unis à peu près limitée au nord par la baie Chesapeake et le cours inférieur de l'Ohio, Mexique, Amérique centrale, Antilles), situées entre les tropiques ou voisines des tropiques et réchauffées par les eaux tièdes du Gulf-Stream, ont le climat et les productions des pays chauds (tabac, riz, coton, canne à sucre, et, dans la zone torride, café, cacao, vanille, acajou, bois de teinture). Les terres basses qui entourent le golfe du Mexique sont malsaines et souvent ravagées par la fièvre jaune.

Au Mexique, le climat varie suivant l'altitude et l'on distingue trois zones : sur le littoral et sur les flancs inférieurs du plateau, les *Terres chaudes,* où la végétation est celle de la zone torride et le climat insalubre : la température moyenne y atteint 30° à 31°; sur les pentes du plateau (de 1,000 à 1,600 mètres d'altitude), les *Terres tempérées,* où le printemps est perpétuel et dont la végétation est celle des régions chaudes de la zone tempérée; sur le plateau, au-dessus de 1,600 mètres, les *Terres froides,* où la température moyenne est de 15 à 17° (température de Naples) et où se cultivent les céréales. Les principales villes se trouvent dans les *Terres froides* (Mexico est à 2,277 mètres d'altitude).

Entre les régions froides du nord et les régions chaudes du sud, le vaste territoire des États-Unis offre un climat tempéré, favorable à la colonisation par la race européenne. Dans la plaine occidentale des États-Unis, la température est sujette à de brusques et fortes variations, l'hiver est rigoureux, la pluie peu abondante et le défaut d'humidité s'oppose, ainsi que sur une grande partie du plateau des montagnes Rocheuses, à la croissance des arbres.

A latitude égale, le climat, sur la côte nord-ouest de l'Amérique réchauffée par le Kouro-Sivo, est moins rigoureux que sur la côte nord-est, jusqu'à laquelle ne parvient pas l'influence du Gulf-Stream. La côte méridionale de la presqu'île d'Alaska a une température douce. Au nord-est de l'Amérique, au contraire, le Labrador (latitude des Iles britanniques) est à peu près désert à cause du froid; Terre-Neuve, entourée de brouillards, n'est habitée que sur la côte. En amont de New-York, qui est par la même latitude que Naples, l'Hudson reste gelé pendant trois mois en moyenne.

PUISSANCE DU CANADA

et possessions anglaises de l'Amérique du nord.

La Puissance du Canada *(Dominion of Canada)* comprend, à l'exception du territoire d'Alaska, le continent américain au nord des États-Unis (bassin du Saint-Laurent, versant de la baie d'Hudson, bassins du Mackenzie, du Fraser).

La Puissance du Canada, capitale Ottawa, renferme sept provinces et huit Territoires.

Province de *Québec* (Bas-Canada), capitale Québec, ville Montréal.

Province d'*Ontario* (Haut-Canada), capitale Toronto, ville Ottawa.

Nouveau-Brunswick, avec le port de Saint-John.

Nouvelle-Écosse, capitale Halifax, avec l'île du Cap-Breton.

Ile du Prince Édouard.

Manitoba (lacs Winnipeg et Manitoba), capitale Winnipeg (26,000 habitants).

Colombie britannique (montagnes Rocheuses, versant du Pacifique, île Vancouver, archipel de la Reine Charlotte), capitale Victoria, sur la côte sud-est de l'île Vancouver; ville Vancouver, sur le littoral du continent, en face de l'île du même nom : New-Westminster.

Les huit territoires sont ceux du Labrador, du nord-est, de Keewatin, du nord-ouest, inorganisés; celui d'Athabaskea, qui l'est incomplètement, et ceux d'Alberta, de Saskatchewan et d'Assiniboine qui, grâce au Transcontinental, commencent à prendre quelque importance.

La Puissance du Canada forme, sous la haute souveraineté de l'Angleterre, une confédération autonome. Le gouvernement de la confédération, qui siège à Ottawa, comprend : un gouverneur général, nommé par la couronne d'Angleterre et assisté de ministres; un parlement composé de deux chambres : le Sénat, dont les membres sont nommés à vie par le gouverneur général, la Chambre des communes, dont les membres sont élus pour cinq ans, proportionnellement à la population. Chaque province a, pour l'administration des affaires locales, un gouvernement particulier (un lieutenant-gouverneur, nommé par le gouverneur général; une ou deux chambres).

Superficie de la puissance du Canada : 8,800,000 kilomètres carrés. Population 4,833,000 habitants d'après le recensement de 1891; la population est massée à l'est, dans le voisinage des grands lacs et du Saint-Laurent, du lac Huron à Québec. Montréal, 220,000 habitants; Toronto, 181,000; Hamilton, 48,000; Québec, 65,000; Ottawa, 44,000; Halifax, 38,000; Saint-John, 39,000.

Les habitants d'origine britannique (langue anglaise) sont en majorité; mais les Français (plus du tiers de la population totale) sont nombreux (1,400,000) et demeurent attachés aux traditions de leurs ancêtres (langue française, religion catholique). Le français est, concurremment avec l'anglais, la langue officielle du parlement canadien et de la province de Québec. Les *Canadiens-Français* forment la majorité de la population du Bas-Canada (1,075,000 en 1881 sur 1,359,000 habitants), une partie de la population du Haut-Canada (103,000 sur 1,923,000 habitants), de l'ancienne Acadie (Nouvelle-Écosse et Nouveau-Brunswick), du Manitoba (où vivent des métis de Français et d'Indiens). Ils augmentent rapidement en nombre par l'excédent des naissances sur les décès et se répandent dans le nord des États-Unis (surtout dans la Nouvelle-Angleterre).

Les Indiens sont en petit nombre (environ 100,000); ils sont en partie devenus sédentaires; dans les toundras qui avoisinent l'océan Glacial, vivent quelques tribus misérables d'Esquimaux.

Le protestantisme est la religion de la majorité de race anglaise; le catholicisme, prédominant dans la province de Québec, est la religion des Canadiens-Français et des Irlandais.

La Puissance du Canada est en majeure partie couverte de *forêts* (pins, sapins, bouleaux, mélèzes). A l'extrémité nord (côte de l'océan Glacial, côte occidentale de la baie d'Hudson, côte du Labrador), s'étendent, comme en Sibérie, des espaces nus, les toundras, où le sous-sol demeure constamment gelé. Au sud-ouest, entre les montagnes Rocheuses et le lac Winnipeg, une vaste région sans arbres, propre à la culture des céréales et à l'élevage, continue la Prairie des États-Unis.

Les Territoires du nord-ouest fournissent les animaux *à fourrures*. A cause de la rigueur du climat, la culture n'est possible que dans les régions les plus méridionales. La colonisation, ancienne dans le Canada proprement dit, fait, grâce aux voies ferrées (chemin de fer du Pacifique-Canadien), des progrès rapides dans le Manitoba et jusqu'aux approches des montagnes Rocheuses; elle commence aussi à se développer sur les rivages du Pacifique. Les principaux produits de la colonisation sont le *blé* (Manitoba), le *bétail* et les produits dérivés de l'élevage. La presqu'île entre le lac Huron et le lac Érié, plus favorisée quant au climat, possède un peu de vignes.

La Puissance du Canada occupe le troisième rang dans le monde (après les États-Unis et les Iles britanniques) pour la valeur du produit des *pêcheries* (morue, hareng, saumon, homard). La Nouvelle-Écosse est, pour la pêche, la première des provinces canadiennes; le saumon abonde dans la Colombie anglaise.

La Puissance du Canada possède de nombreux gisements miniers (houille, or, fer, pétrole, phosphates), dont l'exploitation demeure incomplète. L'extraction la plus importante, celle de la houille, se pratique surtout aux deux extrémités du territoire canadien (Nouvelle-Écosse, Colombie britannique avec la houille de l'île Vancouver), dans le voisinage des ports. Le flanc oriental des montagnes Rocheuses renferme de vastes dépôts encore intacts de houille et de pétrole. Le nickel se trouve en abondance au nord du lac Huron. L'or vient de la Colombie britannique et du Klondyke.

Commerce extérieur : en 1894-1895, 1,115 millions de francs. Le commerce se fait surtout avec les États-Unis et la Grande-Bretagne. Exportation : bois, bétail et produits animaux (fromages, œufs), céréales, poissons; importation : objets fabriqués.

Principaux ports : Montréal, centre du commerce et de l'industrie du Canada; Halifax, port de guerre et de commerce; Québec; Saint-John, dont le port a l'avantage d'être toujours libre de glaces.

Des canaux tournent les obstacles opposés à la navigation du Saint-Laurent et des grands lacs par les rapides ou les chutes; des navires de moyen tonnage peuvent arriver depuis la mer jusqu'à l'extrémité occidentale du lac Supérieur.

Chemins de fer : 23,000 kilomètres. Le chemin de fer du *Pacifique-Canadien* (4,932 kilomètres de Québec à Vancouver) relie Halifax, sur l'Atlantique, à Vancouver, sur le Pacifique, par Québec, Montréal, Ottawa, la rive nord du lac Supérieur, Winnipeg, les vallées de l'Assiniboine et de la branche sud du Saskatchewan, les montagnes Rocheuses. De Vancouver une ligne de vapeurs dessert le Japon et la Chine.

Les autres possessions anglaises de l'Amérique du nord sont :

1° L'île de **Terre-Neuve** (200,000 habitants), capitale Saint-Jean, port. Elle est séparée du Labrador par le détroit de Belle-Isle. Côtes abruptes et découpées; climat brumeux et froid; l'intérieur est un plateau stérile, marécageux, inhabité. De Terre-Neuve dépend la côte du Labrador, où se prolongent les pêcheries terre-neuviennes. Terre-Neuve, dotée d'institutions représentatives et autonomes, s'est refusée jusqu'ici à faire partie de la confédération canadienne. — La principale industrie est la pêche de la *morue*. Cette pêche se fait sur les côtes de Terre-Neuve et surtout au sud-est de l'île, sur le *Grand-Banc* sous-marin de Terre-Neuve, enveloppé de brouillards et placé sur la route des vapeurs qui vont d'Europe à New-York.

La France a un droit de pêche exclusif sur la côte nord-est et ouest de Terre-Neuve. Elle possède, sur la côte méridionale de Terre-Neuve, les deux îlots rocheux de **Saint-Pierre** et de **Miquelon**, capitale Saint-Pierre, port. Cette petite colonie (235 kilomètres carrés, 6,000 habitants) est prospère, grâce à la pêche de la morue; le commerce extérieur annuel dépasse 16 millions de francs.

2° Les **Bermudes**. Groupe de 360 îlots, la plupart inhabités, entourés de madrépores, baignés par le Gulf-Stream; climat doux et égal, végétation subtropicale. Les Bermudes sont une station d'hiver pour les valétudinaires. 15,000 habitants, dont plus de la moitié sont des gens de couleur.

3° Les **Indes occidentales anglaises** (îles Bahama; la Jamaïque, dans les Grandes Antilles; le plus grand nombre des Petites Antilles).

4° Le **Honduras anglais** (au sud-est du Yucatan), capitale Belize, port. — 27,000 habitants. Exportation : bois d'acajou et de campêche.

ÉTATS-UNIS D'AMÉRIQUE

Les États-Unis ont pour bornes : au nord, la Puissance du Canada (dont ils sont séparés par le 49e degré de latitude nord, les lacs Supérieur, Huron, Érié, Ontario, le cours supérieur du Saint-Laurent); à l'est, l'Atlantique; au sud, le golfe du Mexique, le Mexique; à l'ouest, l'océan Pacifique. En dehors de ces limites, le territoire d'Alaska, au nord-ouest de l'Amérique, appartient aux États-Unis.

Leur superficie est de 7,836,000 kilomètres carrés, plus des trois quarts de l'Europe; en y ajoutant le territoire d'Alaska, elle est de 9,212,000 kilomètres carrés.

Ports : sur l'Atlantique, Portland, Boston, New-York, Philadelphie, Baltimore, Charleston, Savannah; sur le golfe du Mexique, Pensacola, Mobile, la Nouvelle-Orléans, Galveston; sur le Pacifique, San Francisco.

Les traits principaux du sol sont les montagnes Rocheuses, les Appalaches et la grande plaine intermédiaire.

Les cours d'eau sont : sur le versant de l'Atlantique, le cours supérieur (rive droite) du Saint-Laurent avec les grands lacs auxquels il sert d'écoulement : les fleuves (Hudson, etc.) descendus des Appalaches; sur le versant du golfe du Mexique, le Mississipi et les fleuves du versant septentrional du golfe jusqu'au Rio Grande del Norte; sur le versant du Pacifique, l'Orégon, le Sacramento, le Colorado.

Les États-Unis d'Amérique, capitale Washington, comprennent 45 états, 4 territoires et le district fédéral de Columbia qui renferme la capitale des États-Unis.

États de la *Nouvelle-Angleterre* (au nord-est) : Maine, New-Hampshire, Vermont, Massachusetts, Rhode-Island, Connecticut.

États du *milieu* (le long de l'Atlantique, entre la Nouvelle-Angleterre et les états du sud) : New-York, New-Jersey, Pennsylvanie, Delaware, Maryland, Virginie occidentale (à l'ouest des Appalaches); district fédéral de Columbia.

États du *sud :* Virginie, Caroline du nord, Caroline du sud, Géorgie, Floride, Tennessee, Alabama, Mississipi, Arkansas, Louisiane, Texas.

États du *centre :* Ohio, Indiana, Illinois, Kentucky, Michigan, Wisconsin, Minnesota, Iowa, Missouri.

États de l'*ouest :* Kansas, Nebraska, Colorado, Dakota septentrional, Dakota méridional, Montana, Wyoming, Idaho, Nouveau Mexique.

États du *Pacifique :* Californie, Orégon, Nevada, Washington.

Territoires : Arizona, Utah; territoire indien : Oklahoma.

Les États-Unis possèdent en outre le territoire d'Alaska, situé à l'extrémité nord-ouest de l'Amérique entre l'océan Glacial, le détroit de Béring, le Pacifique et la Puissance du Canada. Il a pour principal fleuve le Youkon et pour dépendances de nombreuses îles, parmi lesquelles les îles Aléoutiennes.

Souvent, et pour des raisons tirées tantôt du choix d'une situation centrale, tantôt de précautions politiques, le chef-lieu d'un état n'est ni la plus grande ville de cet état ni même ordinairement une grande ville. Ainsi le chef-lieu de l'État de New-York n'est pas New-York, mais Albany; celui de l'Illinois n'est pas Chicago, mais Springfield; celui de la Pennsylvanie n'est pas Philadelphie, mais Harrisburg; celui du Missouri n'est pas Saint-Louis, mais Jefferson City; celui de la Louisiane n'est pas la Nouvelle-Orléans, mais Baton Rouge; celui de la Californie n'est pas San Francisco, mais Sacramento, etc. Sur 28 villes qui comptent plus de 100,000 habitants, 5 seulement (Boston, Saint-Paul, Providence, Denver, Indianapolis) sont chefs-lieux d'états; Washington, capitale des États-Unis, ne vient qu'au quatorzième rang parmi les villes les plus peuplées.

Villes de plus de 100,000 habitants :

New-York, 1,851,000, et avec les grandes villes adjacentes (Brooklyn, Newark, Jersey City), 3,438,000 habitants. L'annexion de ces différentes cités à New-York vient récemment de faire de cette ville la seconde du monde; elle n'est dépassée que par Londres.

Chicago (Illinois), 1,099,000.

Philadelphie (Pennsylvanie), 1,046,000.

Saint-Louis (Missouri), 451,000; la ville la plus centrale des États-Unis et, comme telle, appelée peut-être à de brillantes destinées.

Boston (Massachusetts), 448,000.

Baltimore (Maryland), 434,000.

San Francisco (Californie), 298,000.

Cincinnati (Ohio), 296,000.

Cleveland (Ohio), 261,000.

Buffalo (New-York), 255,000.

Nouvelle-Orléans (Louisiane), 242,000.

Pittsburg (Pennsylvanie), 238,000, et, avec une ville adjacente, Alleghany, 343,000.

Washington (district fédéral), 230,000.

Détroit (Michigan), 205,000.

Milwaukee (Wisconsin), 204,000.

Minneapolis (Minnesota), 164,000.

Louisville (Kentucky), 161,000.

Omaha (Nebraska), 140,000.

Rochester (New-York), 133,000

Saint-Paul (Minnesota), 133,000.

Kansas City (Kansas), 132,000.

Providence (Rhode Island), 132,000.

Denver (Colorado), 106,000.

Indianapolis (Indiana), 105,000.

Les États-Unis sont une république fédérale. Le gouvernement fédéral est partagé entre trois pouvoirs distincts : le pouvoir législatif, le pouvoir exécutif et le pouvoir judiciaire.

Le pouvoir législatif appartient au *Congrès*, composé du Sénat et de la Chambre des représentants. La *Chambre des représentants* est élue pour deux ans et renouvelée intégralement : elle est nommée par les électeurs de chaque état; le nombre de ses membres est proportionnel à la population. Le *Sénat* est élu pour six ans et renouvelé par tiers tous les deux ans : il est nommé par la législature de chaque état; le nombre de ses membres est de deux par état.

Le pouvoir exécutif appartient à un président, élu pour quatre ans par un collège électoral spécial (chaque état nomme autant d'électeurs à la présidence qu'il envoie de sénateurs et de représentants au Congrès). Un vice-président, élu de la même manière, simultanément et pour le même temps, remplace le président en cas de vacance du pouvoir exécutif et jusqu'à l'expiration des pouvoirs conférés au président.

Le pouvoir judiciaire appartient à la *Cour suprême*, dont les membres sont nommés à vie par le président des États-Unis. Elle interprète la constitution, les lois et les traités, et règle les différends entre les états.

Le gouvernement fédéral a dans ses attributions les affaires d'intérêt général : budget fédéral, défense nationale, douanes, emprunts nationaux, monnaie, relations extérieures. Les états ont chacun un gouvernement autonome élu (un gouverneur et deux chambres) et une constitution qui leur est propre; ils règlent notamment les conditions de l'électorat. Les états ont chacun leurs tribunaux particuliers, dont les membres sont généralement élus à temps par le suffrage populaire.

Dans le District fédéral, siège du gouvernement, le pouvoir législatif est exercé par le Congrès des États-Unis. Les territoires sont des circonscriptions qui ne sont pas représentées au Congrès par des députés ayant voix délibérative; quand leur population s'accroît, ils sont érigés en états (13 états en 1790, 45 en 1890).

Population (recensement de 1890) : 62,622,000 habitants. C'est à l'est que la population est le plus dense.

La nation américaine, composée d'éléments divers, où prédomine l'élément anglo-saxon, doit son caractère original à son esprit d'initiative et d'audace. La race blanche forme plus des quatre cinquièmes de la population. Les blancs appartiennent en majorité à la famille *anglo-saxonne;* viennent ensuite les *Irlandais,* qui s'entassent dans les grandes villes du littoral de l'Atlantique, et les *Allemands,* qui s'établissent dans les états de l'ouest. L'élément français, bien qu'en minorité partout, a de nombreux représentants, issus des premiers habitants, dans les anciennes possessions françaises de la Louisiane et du haut Mississipi; il s'accroît aujourd'hui grâce à l'immigration des Canadiens-Français, qui se répandent dans les états voisins des grands lacs et surtout dans les états de la Nouvelle-Angleterre.

Les hommes de couleur, qui se sont rapidement multipliés depuis la guerre de Sécession (environ 4 millions de noirs en 1870), sont au nombre de 7,638,000 (en 1890), la plupart dans les États du Sud. Ils forment 60 0/0 de la population totale dans la Caroline du Sud, 57 0/0 dans le Mississipi, 51 0/0 dans la Louisiane, et égalent presque le nombre des blancs dans la Géorgie, la Floride et l'Alabama. Les Indiens sont au nombre d'environ 260,000, la plupart confinés dans les réserves attribuées à leurs tribus; les autres, errants dans la Prairie, disparaissent peu à peu, ainsi que le bison dont la chasse les faisait vivre.

Le rapide développement de la population des États-Unis (3,900,000 habitants en 1790; 7 millions en 1810; 12 millions en 1830; 23 millions en 1850; 38 millions en 1870; 50 millions en 1880 ; près de 63 millions en 1890) a pour cause l'excédent des naissances sur les décès et, en second lieu, l'immigration (15 millions d'immigrants depuis 1820). L'immigration a été surtout considérable de 1848 à 1854, à cause de la découverte des mines d'or, et en 1881-1882 (750,000 par an). Elle est en moyenne de 400,000 par an. Elle se recrute surtout parmi les Irlandais et les Anglais, les Allemands, les Scandinaves et, depuis quelques années, les Italiens et les Russes.

L'anglais est la langue officielle et prédominante.

Le protestantisme, divisé en nombreuses sectes (méthodistes, baptistes, etc.), est la religion de la majorité. On compte environ 8 millions de catholiques. Tous les cultes sont libres et indépendants de l'État.

L'instruction est très répandue, sauf dans les états du sud. Le Massachusetts, avec Boston, est le foyer intellectuel.

Les finances fédérales sont prospères et les États-Unis amortissent rapidement la dette fédérale. Le budget des recettes, alimenté principalement par les droits à l'importation et par les taxes intérieures sur les spiritueux, présente des excédents considérables. Budget des dépenses fédérales, 2 milliards et demi de francs; dette fédérale, qui s'amortit rapidement : 5 milliards.

L'armée régulière, recrutée par enrôlements volontaires, est de 27,000 hommes; à ce noyau viendrait s'ajouter, en temps de guerre, la milice, composée de tous les citoyens valides de 18 ans à 44, mais imparfaitement organisée. — La flotte de guerre comprend environ 98 navires de tout rang et 16,000 hommes d'équipage. Les États-Unis semblent aujourd'hui tendre de plus en plus vers une politique envahissante, qui entraînera de grandes modifications dans leurs institutions militaires et maritimes. Ils ont annexé les îles Hawaï en 1897 et viennent, en 1898, de se rendre maîtres des Antilles espagnoles et des Philippines.

Par le développement rapide et croissant de la richesse, comme par celui de la population, les États-Unis sont un des pays les plus importants du monde. Ils occupent le premier rang pour la production des céréales, des viandes, du coton, du tabac, des métaux précieux, du cuivre, du pétrole, pour l'abondance des pêcheries, pour la longueur des voies ferrées; ils disputent le premier rang à la Grande-Bretagne pour la production du fer; ils viennent, au second rang, immédiatement après la Grande-Bretagne, pour la houille. Ils sont au nombre des grandes nations industrielles et occupent le second rang (après la Grande-Bretagne) pour les tissus de coton, et le troisième (après la France et la Grande-Bretagne) pour les tissus de laine.

Les états de l'ouest et du sud renferment les grandes régions agricoles.

Dans les états du centre et de l'ouest, au climat tempéré, les produits principaux sont ceux de la culture des **céréales** (maïs, froment, avoine). Le **maïs**, céréale américaine par excellence, utilisée pour la nourriture d'une grande partie de la population, principalement les nègres, et aussi pour l'élevage des porcs, donne une récolte de 700 à 750 millions d'hectolitres; le froment, de plus de 200 millions. Les produits de l'élevage (bêtes à cornes, moutons, chevaux, et surtout **porcs**, dans l'Ohio, l'Indiana, l'Illinois, etc.) sont très importants. Les immenses prairies du Texas, dans le sud, sont encore une des plus vastes régions d'élevage. La préparation des **viandes** (salaisons, conserves) se fait en grand dans les états compris entre les lacs du Saint-Laurent au nord, le confluent de l'Ohio et du Mississipi au sud, et principalement à Chicago. Chicago est la capitale économique de l'ouest et le premier marché du monde pour les grains et pour les viandes. — Sur le Pacifique, la Californie, dont le climat ressemble à celui des contrées riveraines de la Méditerranée, est aujourd'hui un pays agricole et produit des céréales, du vin, des fruits (oranges).

Dans les états du sud, au climat semi-tropical, les grandes cultures sont celles du **coton** et du **tabac**. Le coton, dont la Nouvelle-Orléans et Mobile sont les principaux marchés, est produit en abondance dans la plupart des états du sud; pour le tabac, les principaux centres de culture sont le Kentucky et, après lui, la Virginie. La Caroline du sud, la Géorgie, la Louisiane produisent d'importantes quantités de *riz*. La culture de la canne à sucre, délaissée à cause de la cherté de la main-d'œuvre, est loin de suffire à la consommation intérieure : elle ne se pratique guère que dans la Louisiane.

De vastes *forêts* se trouvent dans les Appalaches, dans les étendues sablonneuses de la Floride et des états voisins, où les forêts de pins fournissent la térébenthine et la résine, et au nord-ouest des États-Unis, sur le versant du Pacifique, où croissent des conifères gigantesques (les *sequoia*); l'exploitation des bois se fait avec une grande activité sur les rives de la baie Puget (État de Washington).

La pêche la plus productive est pratiquée par les États de la Nouvelle-Angleterre (morue, hareng). Les huîtres abondent dans la baie Chesapeake. La côte du Pacifique a pour spécialité la pêche du saumon et la confection des conserves de saumon pour l'exportation. Les ports de la Nouvelle-Angleterre (Boston) arment pour la pêche de la baleine dans les mers polaires. Dans la mer de Béring, sur les îlots qui dépendent du territoire d'Alaska, se pratique avec méthode l'abatage des otaries.

Les États-Unis possèdent des richesses minérales très abondantes et très variées; ce sont, par ordre d'importance de production : la houille, le fer, l'argent, l'or, le cuivre, le pétrole, le plomb, le zinc, le mercure.

Les métaux précieux se rencontrent dans tout le système des montagnes Rocheuses. Les régions d'extraction les plus importantes sont : pour l'**or**, la Californie; pour l'**argent**, le Montana, le Colorado, l'Utah, le Nevada.

Quant aux autres minerais, les principales régions d'extraction sont : pour la **houille** (194 millions de tonnes en 1897), la Pennsylvanie; le **fer** et le **cuivre**, les rives du lac Supérieur (Marquette), la presqu'île de Keewenaw; pour le **pétrole**, dont Pittsburg est le marché, la Pennsylvanie (Titusville et Oil City) et l'État de New-York; pour le *plomb*, le Colorado; pour le zinc, l'Illinois; pour le mercure, la Californie. Depuis quelques années, on a commencé à faire et on fait de plus en plus usage, pour les hauts fourneaux et les fonderies, du *gaz naturel* capté à la surface du sol (principalement dans la Pennsylvanie occidentale).

Pittsburg est le centre de la **métallurgie du fer**, dont les principaux sièges sont ensuite l'Ohio et l'Illinois. Pittsburg est aussi le centre de la fabrication du verre. L'industrie américaine excelle dans la confection des *machines* et dans les applications de l'électricité.

Les États de la Nouvelle-Angleterre et ceux de Pennsylvanie et de New-York sont la région manufacturière à laquelle l'ouest et le sud fournissent la matière première. Les grandes régions manufacturières sont : pour les ouvrages en **cuir** et la chaussure, ainsi que pour les tissus de **coton**, le Massachusetts ; pour les tissus de **laine**, le Massachusetts et la Pennsylvanie ; pour les vêtements confectionnés, l'État de New-York.

L'industrie américaine commence à suffire à l'immense marché que lui réserve la consommation intérieure et à travailler pour l'exportation. Non contents de repousser, par des tarifs de douane très élevés, les produits fabriqués des autres pays, les Américains opposent aujourd'hui des obstacles à la concurrence des ouvriers venus de l'étranger : ils ont interdit l'immigration des coolies chinois et celle des ouvriers européens engagés par contrat.

Commerce extérieur annuel : en 1896-1897, 8,975 millions de francs, dont plus de 5 milliards à l'exportation. Exportation : matières premières et objets d'alimentation (coton, blé et farine, viandes et salaisons, pétrole, bois); importation : denrées coloniales (sucre, café) et objets fabriqués (tissus, fers et aciers). Les États-Unis ont leurs principales relations avec les Iles britanniques, l'Allemagne, la France, le Brésil, Cuba, le Canada.

Le dollar vaut 5 francs 18.

Principaux centres commerciaux : New-York, Boston, Philadelphie, Baltimore pour l'Atlantique; la Nouvelle-Orléans pour le golfe du Mexique; San Francisco pour le Pacifique; Chicago pour la région des lacs; Saint-Louis au milieu du bassin du Mississipi.

Mouvement maritime des principaux ports en 1889 : New-York, 19,300,000 tonnes; Boston, 4,500,000; Philadelphie, 3,100,000; Nouvelle-Orléans, San Francisco, 2,990,000; Baltimore, 2,100,000.

La marine marchande des États-Unis, bien qu'elle occupe le second rang dans le monde, n'a pas une importance en rapport avec l'étendue des côtes et le développement industriel; elle est employée principalement au cabotage et laisse aux navires européens la plus grande partie des transports entre les États-Unis et l'étranger.

Une série de canaux mettent en communication les grands lacs, l'Hudson et l'Ohio; le principal est le *canal de l'Erié*, de Buffalo (sur le lac Erié) à Albany (sur l'Hudson); il sert au transport d'énormes quantités de blé et de farine. Le canal Champlain relie le canal de l'Erié au lac Champlain, qui se déverse dans le Saint-Laurent.

Les États-Unis possèdent plus de 280,000 kilomètres de voies ferrées (plus que l'Europe entière). Quatre lignes principales conduisent de l'est à l'ouest jusqu'au Pacifique, à travers la Prairie et les montagnes Rocheuses. La plus importante est celle de *New-York à San Francisco* (5,400 kilomètres, six jours de trajet) par Chicago, Omaha, la rivière Platte, la rive septentrionale du Grand Lac Salé, Sacramento.

Les trois autres lignes, qui se relient également à New-York, sont :

Le *Northern Pacific,* de Duluth (à l'extrémité occidentale du lac Supérieur) à Portland (port sur la Columbia), par Bismarck (sur le Missouri, dans le Dakota septentrional), le Yellowstone, la Columbia.

L'*Atlantic and Pacific,* de Saint-Louis à San Francisco par le plateau désert du Colorado. Cette ligne est rejointe par une autre située plus au nord et qui part de Kansas City.

Le *Southern Pacific,* de la Nouvelle-Orléans à San Francisco par El Paso, Los Angeles.

Le réseau des États-Unis se relie à celui du Canada et à celui du Mexique.

MEXIQUE

Le Mexique a pour bornes le golfe du Mexique, l'océan Pacifique, les Etats-Unis, le Guatémala. Sa superficie est de 1,900,000 kilomètres carrés.

C'est une république fédérative de 27 états et d'un territoire (Basse-Californie), constituée sur le modèle de celle des États-Unis. Un district fédéral enclavé dans l'État de Mexico comprend la capitale fédérale, Mexico. Une série de révolutions a désolé cette république depuis qu'elle s'est affranchie de la domination espagnole; mais elle paraît entrée aujourd'hui dans une période de calme et de progrès. Sa population (12,570,000 habitants en 1895, dont 19 0/0 de blancs et de créoles, 43 0/0 de métis, 38 0/0 d'Indiens) en fait le troisième État des deux Amériques, et elle égale presque celle du Brésil. Sa densité moyenne est de 6,6 au kilomètre carré, égalant presque celle des États-Unis (sans l'Alaska), qui est de 8 environ. C'est dans la partie la plus haute du plateau, le plateau d'Anahuac, que cette population est surtout répartie. Toute la région nord, désolée par de grandes sécheresses (désert du Bolson de Mapimi), et la péninsule du Yucatan, sont beaucoup moins peuplées.

Les villes les plus importantes sont Mexico (329,000 habitants), 2,277 mètres d'altitude, au fond d'un cercle de montagnes que dominent le Popocatepetl et l'Istacihuatl; ancienne capitale des Aztèques.

Puebla (88,000 habitants), principale ville industrielle du Mexique.

Guadalajara (83,000 habitants), sur la route de Mexico au Pacifique.

Léon (80,000 habitants).

San Luis de Potosi (69,000 habitants), dans une région de mines d'argent importantes.

Guanaxuato (59,000 habitants) est au centre de la région minière la plus riche.

Monterey (45,000 habitants).

Mérida (36,000 habitants), la grande ville du Yucatan.

Pachuca (40,000 habitants).

Zacatecas (39,000 habitants), dans une région de mines.

Queretaro (34,000 habitants) rappelle la mort en 1867 de l'empereur Maximilien.

La Vera-Cruz (24,000 habitants), entravée dans son développement par un climat très malsain, reste le principal port du Mexique. Les autres ports du golfe du Mexique sont Tampico, Campêche, Progreso, port de Mérida, qui prend de plus en plus d'importance, grâce à l'exportation du henequen. Sur le Pacifique, Mazatlan, San Blas, Manzanillo, Acapulco.

Les ruines de Palenque, dans l'État de Chiapas, sont célèbres. C'était la ville sainte des Indiens Mayas, qui dominent encore dans le Yucatan. A ce peuple appartiennent aussi celles d'Uxmal, dans le Yucatan.

Les produits principaux sont : les métaux précieux et surtout l'argent (le Mexique est, après les États-Unis, le pays le plus important du monde pour la production de l'argent); de nombreux produits végétaux : *maïs*, *henequen* (Yucatan; c'est la fibre textile de l'agavé), coton, canne à sucre, café, tabac, cacao, vanille, bois d'ébénisterie et de teinture (acajou et campêche du Yucatan); le bétail. La boisson nationale est le pulque, extrait de l'agavé. L'industrie est assez peu importante; le Mexique, néanmoins, renferme un certain nombre de fabriques de tissus de coton.

Le Mexique fait aujourd'hui des progrès sensibles. Au point de vue économique, il est sous l'influence des États-Unis, dont les capitalistes fournissent les fonds nécessaires au développement des chemins de fer mexicains et des mines.

Commerce extérieur annuel : 625 millions de francs en 1894-95, dont 455 à l'exportation, 170 à l'importation. Exportation : argent, henequen (à destination des États-Unis où l'emploi de ce textile devient de plus en plus important), café, peaux, bois; importation : objets fabriqués. Le Mexique a ses principales relations avec les États-Unis et la Grande-Bretagne.

La *piastre* mexicaine, monnaie d'argent très répandue dans l'Extrême-Orient, vaut au pair 5 fr. 43.

Chemins de fer : 11,500 kilomètres en 1894. Les principales lignes sont celles qui joignent la capitale au golfe du Mexique (Mexico à Vera-Cruz) et aux chemins de fer des États-Unis (Mexico à El Paso del Norte, sur la ligne de la Nouvelle-Orléans à San Francisco, par le plateau mexicain, Quérétaro, Leon, Zacatecas, Chihuahua : Mexico à Monterey), et de là aux lignes du Texas : Mexico à San Blas, sur le Pacifique.

AMÉRIQUE CENTRALE

L'Amérique centrale est l'ensemble des cinq républiques de Guatémala, San Salvador, Honduras, Nicaragua, Costa-Rica, et du Honduras anglais; en tout 482,000 kilomètres carrés et 3,100,000 habitants. Mais, à vrai dire, la région du Centre-Amérique s'étend de l'isthme de Téhuantépec à l'isthme de Panama, qui est en territoire colombien, et toute son importance vient de sa situation interocéanique et des voies de communication entre les deux océans qui y ont été créées ou projetées.

Six points principaux ont attiré l'attention à cet égard:

1° L'isthme de Téhuantépec lui-même. Il a 240 kilomètres de large, 237 mètres d'altitude. Un chemin de fer y a été commencé, mais non achevé.

2° L'isthme de Honduras, de Puerto Caballos, au fond du golfe de Honduras, au golfe de Fonseca, par la vallée de l'Ulua. Aucun canal n'y est possible; un chemin de fer, partant de Puerto Caballos, y a été commencé, puis interrompu.

3° L'isthme de Nicaragua (273 kilomètres). Le vaste lac de Nicaragua se déverse dans la mer des Antilles par la rivière San Juan, dont le cours peut être amélioré, et il n'est séparé du Pacifique que par une langue de terre peu large et élevée seulement de 14 mètres au-dessus du lac (haut de 33 mètres). C'est peut-être là qu'un canal interocéanique a le plus de chances de s'achever, et les Américains y travaillent en ce moment. Un autre projet consisterait à utiliser, après le lac de Nicaragua, celui de Managua, puis la vallée de l'Estero real, pour aboutir au golfe de Fonseca. Un chemin de fer mène de Corinto sur le Pacifique à Granada sur le lac de Nicaragua.

4° Un chemin de fer est en construction à travers le Costa-Rica, de Limon, sur la mer des Antilles, à Punta Arenas, sur le golfe de Nicoya.

5° L'isthme de Panama; il a 73 kilomètres de large et

87 mètres d'altitude au point culminant. Le projet de canal interocéanique que M. de Lesseps avait formé et commencé à exécuter a abouti à un échec éclatant. Depuis 1855, un chemin de fer réunit Colon ou Aspinwall, sur la mer des Antilles, à Panama, sur l'autre côte. Il suit la vallée du Chagres, dans le versant de la mer des Antilles, traverse le seuil de la Culebra, puis emprunte la vallée du Rio Grande, vers le Pacifique.

6° L'isthme de San Blas, un peu plus à l'est, a, par rapport à celui de Panama, l'avantage d'être un peu plus étroit (53 kilomètres), mais le désavantage d'être sensiblemeut plus élevé (301 mètres).

L'Amérique centrale ressemble au Mexique par son sol volcanique, ses plateaux, ses trois zones de végétations étagées, sa richesse en métaux précieux. Comme au Mexique, les plateaux sont la partie la plus peuplée; les plaines, et particulièrement celle de la côte des Mosquitos, sont sauvages et couvertes de forêts vierges.

Le *Honduras anglais* (21,000 kilomètres carrés, 27,000 habitants) a pour capitale Belize. Le bois d'acajou est son principal article d'exportation.

Le **Guatémala** (125,000 kilomètres carrés, 1,364,000 habitants, dont 481,000 blancs) est la plus importante des cinq républiques. Capitale Guatémala la Nueva (66,000 habitants, à 1,529 mètres d'altitude), qui a succédé à Guatémala la Vieja, détruite par les éruptions des volcans de l'Eau et du Feu.

Villes principales : San José, port de Guatémala ; Quesaltenango (24,000 habitants).

Le **San Salvador** est relativement le plus peuplé de tous les États des deux Amériques (21,000 kilomètres carrés, 803,000 habitants, 38 au kilomètre carré). Capitale San Salvador (50,000 habitants), qui a pour port Libertad.

Le **Honduras** (119,000 kilomètres carrés, 400,000 habitants), la plus arriérée et la plus endettée des cinq républiques. Capitale Tegucigalpa (14,000 habitants). Amapala, port sur le golfe de Fonseca, et Comayagua, ancienne capitale, sont plus peuplées.

Le **Nicaragua** (124,000 kilomètres carrés, 350,000 habitants) comprend une région presque indépendante, la côte des Mosquitos, qui a un chef indigène et une capitale à part, Blewfields. Le véritable Nicaragua n'est que la zone montagneuse de l'ouest, avec les deux grands lacs de Managua et de Nicaragua et le fleuve San Juan. Capitale Managua (18,000 habitants) : v. p. Léon (34,000 habitants); Granada, Rivas, San Juan del Norte ou Greytown, à l'embouchure du San Juan.

Le **Costa Rica** (59,000 kilomètres carrés, 262,000 habitants en 1892). Commerce important de café. Capitale San José (19,000 habitants) : v. p. Limon et Punta Arenas.

En 1885, le général Barrios, président du Guatémala, a essayé de réaliser l'union des cinq républiques: mais ses efforts n'ont pas réussi. En 1897, les trois républiques du San Salvador, du Honduras et du Nicaragua viennent de tenter un essai de fédération.

ANTILLES

L'ensemble des nombreuses îles, ou *Indes occidentales* (244,000 kilomètres carrés, et plus de 5 millions et demi d'habitants), situées entre la Floride et la côte septentrionale de l'Amérique du sud et baignées d'un côté par l'Atlantique, de l'autre par la mer des Antilles, comprend : les îles Bahama ou Lucayes; les Antilles proprement dites. Les Bahama sont basses, peu fertiles, peu habitées, d'accès difficile. Les Antilles sont, pour la plupart, accidentées, très fertiles, peuplées, et présentent de bons mouillages.

Les Antilles comprennent elles-mêmes : les *Grandes Antilles,* au nord (Cuba, Haïti, la Jamaïque, Puerto Rico); les *Petites Antilles*, à l'est et au sud. — Les Petites Antilles se divisent en : *Iles du vent,* à l'est, alignées du nord au sud, entre l'Atlantique et la mer des Antilles; *Iles sous le vent,* au sud, alignées de l'est à l'ouest, le long de la côte septentrionale de l'Amérique du sud. Les Iles du vent sont soumises à l'action directe des vents alizés; les Iles sous le vent ne reçoivent le vent qu'après les premières.

Les Iles du vent sont exposées aux ouragans et aux tremblements de terre. Parmi ces îles, les plus orientales, celles que baignent l'Atlantique, sont calcaires et peu accidentées (exemples : Antigoa, la partie orientale de la Guadeloupe, la Barbade); les plus occidentales, celles que baigne la mer des Antilles, sont volcaniques, renferment de hauts sommets et de nombreux cours d'eau (exemples : la partie occidentale de la Guadeloupe, la Martinique, Saint-Vincent).

Iles **Bahama** ou Lucayes. Archipel d'îles basses, calcaires, bordées de madrépores. C'est l'extrémité supérieure d'un plateau sous-marin qui renferme de vastes bancs de sable (Grand banc et Petit banc de Bahama), séparés par des chenaux d'une navigation difficile. Elles appartiennent à l'Angleterre.

Grandes Antilles. 1° *Cuba,* la plus grande et la plus fertile des Antilles, a 118,000 kilomètres carrés (124,000 avec ses annexes) et plus de 1,600,000 habitants, dont 988,000 blancs. Elle est restée jusqu'à nos jours, avec Puerto Rico, sous la domination de l'Espagne : c'était le seul débris de l'empire espagnol au Nouveau-Monde. La guerre de 1898 vient de faire passer ces deux îles sous la domination ou sous l'influence des États-Unis, qui depuis longtemps convoitaient Cuba.

Les produits essentiels de Cuba sont la canne à sucre et le tabac. Tous les autres végétaux des pays tropicaux y sont aussi représentés.

La Havane (200,000 habitants) est de beaucoup la première ville des Antilles. Santiago de Cuba (59,000), Matanzas (56,000), Cienfuegos (41,000), Puerto Principe (41,000), Holguin (32,000), viennent ensuite. De nombreux chemins de fer couvrent toute la partie occidentale. Le commerce extérieur de Cuba en 1894 a été de 1,065 millions de francs, dont 580 à l'exportation (principalement pour les États-Unis, et consistant surtout en sucre) et 485 à l'importation (principalement farines et produits manufacturés d'Espagne). Le seul commerce avec les États-Unis figurait en cette même année pour 95,533,000 dollars, environ 500 millions de francs.

2° *Haïti* ou Saint-Domingue. C'est la plus découpée de toutes les Antilles (golfe de la Gonave, à l'ouest) et la plus haute (sommet de 3,140 mètres; massif du Cibao, au centre). L'Artibonite, le principal cours d'eau, finit dans le golfe de la Gonave.

L'île se divise en deux républiques :

A l'ouest, la *république d'Haïti* (28,000 kilomètres carrés et 960,000 habitants). Capitale Port-au-Prince (35,000 habitants); autres ports : Cap Haïtien, les Cayes, Jacmel. De cette république fait partie l'île de la Tortue, sur la côte nord.

A l'est et au centre, la *république Dominicaine* (48,000 kilomètres carrés, 417,000 habitants), capitale Santo Domingo, port (20,000 habitants); autre port : Puerto Plata.

La grande majorité de la population de ces deux états se compose de nègres et de mulâtres; les nègres forment les neuf dixièmes de la population de la république d'Haïti; dans la république dominicaine, les blancs sont relativement nombreux. Dans la république d'Haïti, ancienne colonie française de Saint-Domingue, la langue est le français ou le *créole* (français corrompu); dans la république dominicaine, ancienne colonie espagnole, la langue est l'espagnol. — Agitée par des révolutions fréquentes et par les luttes de races entre nègres et mulâtres, la république d'Haïti est en décadence, malgré la fertilité du sol.

3° La *Jamaïque* (10,000 kilomètres carrés, 600,000 habitants, dont 400,000 noirs), traversée de l'ouest à l'est par la chaîne des montagnes Bleues (un sommet dépasse 2,000 mètres). Capitale Kingston, port (38,000 habitants). Cette île appartient aux Anglais.

4° *Puerto Rico* (9,000 kilom. carrés, 820,000 habitants). Cette île est extrêmement peuplée, 90 habitants au kilomètre carré et en grande majorité de blancs. Aussi était-ce, sous la domination espagnole, une des plus prospères des Antilles. V. p. San Juan (27,000) et Ponce.

PETITES ANTILLES

Antilles danoises (360 kilomètres carrés, 33,000 habitants). Sainte-Croix, Saint-Thomas, Saint-Jean, petites îles du groupe des îles Vierges. Le port de *Saint-Thomas* doit à sa situation géographique et à sa franchise une importance considérable; c'est le point de passage d'un grand nombre de paquebots qui vont d'Europe dans la mer des Antilles et le golfe du Mexique; il sert d'entrepôt, de dépôt de charbon et de bassin de refuge.

Antilles hollandaises. La partie méridionale de l'île de Saint-Martin, Saba, Saint-Eustache, dans les Iles du vent; la partie occidentale des Iles sous le vent (Curaçao, Oruba, Buen Aire). En tout, 1,130 kilomètres carrés, 44,000 habitants.

Antilles françaises. 1° La *Guadeloupe* (1,500 kilomètres carrés) et ses dépendances, capitale la Basse-Terre. La Guadeloupe se compose de deux parties séparées par un bras de mer étroit et peu profond : à l'ouest, la Guadeloupe proprement dite, montagneuse et volcanique (volcan actif de la Soufrière, 1,484 mètres), avec le port de la Basse-Terre; à l'est, la Grande-Terre, plate et calcaire, avec le bon port de la Pointe-à-Pitre, centre du commerce de la Guadeloupe. Les dépendances de la Guadeloupe sont : la Désirade, Marie-Galante, les Saintes, Saint-Barthélemy, la partie septentrionale de l'île de Saint-Martin. — 2° La *Martinique* (987 kilomètres carrés), capitale Fort-de-France, port (15,000 habitants). L'île est montagneuse et volcanique; Saint-Pierre (26,000 habitants), ville maritime, est le principal centre de commerce. — En tout, 2,850 kilomètres carrés et 360,000 habitants.

Antilles anglaises. Elles comprennent : une partie des îles Vierges (Virgin-Gorda, etc.), Antigoa, Saint-Christophe, Nevis, Montserrat, la Dominique (750 kilomètres carrés), la plus haute des Petites Antilles (sommet volcanique de 1,650 mètres); la *Barbade,* avec le port de Bridgetown. C'est la plus peuplée et la plus prospère des Antilles anglaises; sur un faible espace de 430 kilomètres carrés, moins de moitié de la Martinique, elle ne compte pas moins de 189,000 habitants. *Sainte-Lucie*, *Saint-Vincent*, la *Grenade; Tabago;* la *Trinité* (Trinidad), capitale Port d'Espagne (Port of Spain). La Trinité, située au nord des bouches de l'Orénoque, est plus grande que toutes les Petites Antilles anglaises comptées ensemble (4,540 kilomètres carrés, 190,000 habitants).

L'empire anglais des Antilles comprend 34,000 kilomètres carrés et 1,126,000 habitants. Il fait un commerce de 270 millions de francs.

Antilles vénézuéliennes. Partie orientale des Iles sous le vent (Margarita, etc.).

Les Antilles sont au nombre des pays les plus fertiles du monde. La production principale est celle des denrées coloniales et du tabac : **sucre** de canne et ses dérivés, ***rhum*** (Jamaïque), mélasses; *café* (Haïti, Puerto Rico); *tabac;* cacao (Haïti). Les Grandes Antilles exportent des quantités considérables de bois de *campêche* et d'*acajou,* Curaçao de l'écorce d'oranges amères. On exploite des gisements d'asphalte dans l'île de la Trinité. On pêche les éponges dans les parages des îles Bahama.

Malgré ces richesses, les Antilles sont presque toutes en décadence et leur importance est loin d'égaler aujourd'hui celle qu'elles avaient au XVIIIe siècle.

AMÉRIQUE DU SUD

L'Amérique du sud est comprise entre la mer des Antilles, l'Atlantique, le Pacifique; elle est reliée à l'Amérique du nord par l'isthme de Panama. Elle va du 12° latitude nord au 55° latitude sud, du 38° au 84° longitude ouest.

La mer des Antilles forme le golfe de Darien : le golfe de Vénézuéla, entre deux presqu'îles proéminentes, la presqu'île de Goajira et celle de Paraguana. Au fond du golfe de Vénézuéla s'étend le vaste lac de Maracaïbo. La série des Iles sous le vent s'étend au nord de la côte vénézuélienne.

Puis on rencontre sur l'Atlantique : le golfe de Paria, le delta de l'Orénoque, l'estuaire de l'Amazone, avec l'île Marajo, le cap Saint-Roch, la baie de tous les Saints ou de Bahia, le cap Frio, la baie de Rio de Janeiro, les lagunes dos Patos, de Mirim, l'estuaire du Rio de la Plata. Iles Falkland ou Malouines; archipel de la Terre de Feu, séparé du continent par le détroit de Magellan et terminé au sud par le cap Horn.

Sur le Pacifique, la côte sud-ouest de l'Amérique est découpée, bordée d'îles (archipel de la Mère de Dieu, îles Chonos, île Chiloé). Le littoral du Pacifique ne présente ensuite d'ordinaire que de faibles échancrures; les principaux golfes sont ceux de Guayaquil et de Panama. Iles Juan Fernandez, à l'ouest du Chili; îles Galapagos, sur l'équateur.

Le relief de l'Amérique du sud est remarquable par son extrême simplicité : le long du Pacifique, la haute chaîne des Andes; à l'est des Andes, jusqu'à l'Atlantique, une immense plaine sur laquelle se dressent, du côté de l'Atlantique, deux systèmes montagneux d'élévation médiocre : les montagnes de la Parime ou des Guyanes et les montagnes du Brésil. De tous les continents (sauf peut-être l'Australie), l'Amérique du sud est celui où la plaine occupe proportionnellement le plus d'espace.

La Cordillère des **Andes** se développe du nord au sud parallèlement au Pacifique. Elle tombe en pente rapide à l'ouest sur le Pacifique, à l'est sur la plaine, et forme une barrière continue. Les Andes renferment les sommets les plus hauts du monde, après ceux de l'Himalaya et du Tibet (sommets de 6,000 mètres et jusqu'à près de 7,000 mètres). La partie centrale des Andes est, dans son ensemble, la plus élevée et les cols y dépassent souvent 4,000 mètres d'altitude; au nord et au sud, les cols s'abaissent au-dessous de 3,000 mètres. La Cordillère renferme de nombreux volcans, surtout dans les Andes de l'Équateur.

Les Andes comprennent les grandes divisions suivantes: Andes septentrionales ou de la Nouvelle-Grenade; Andes centrales ou du Pérou; Andes méridionales ou du Chili. Les Andes septentrionales se composent de trois chaînes principales et s'élargissent, en forme d'éventail, aux approches de la mer des Antilles. Les Andes centrales se composent de deux chaînes entre lesquelles se trouvent de hauts plateaux et que relient, par intervalles, des nœuds de montagnes; au centre de la Cordillère, en Bolivie, les Andes s'épanouissent en un vaste plateau de 800 kilomètres de large. Les Andes méridionales se composent d'une seule chaîne.

Andes septentrionales, depuis l'isthme de Panama et la mer des Antilles jusqu'au nœud de Pasto. Elles comprennent, entre leurs trois chaînes principales, les vallées de la Magdalena et de son affluent, le Cauca. La chaîne occidentale, entre le Pacifique et le Cauca, est la moins élevée (2,500 à 3,500 mètres); la chaîne centrale, entre le Cauca et la Magdalena, beaucoup plus haute et riche en volcans, a le volcan Purace (4,760 mètres) et le volcan Tolima (5,584 mètres); la chaîne orientale, après avoir bordé à l'est la vallée de la Magdalena, se dirige au nord-est sous le nom de Cordillère de Mérida, et suit la côte vénézuélienne jusqu'au golfe de Paria. Un massif isolé de cette chaîne, à l'est de l'embouchure de la Magdalena, élève jusqu'à 5,300 mètres son sommet, la Nevada de Santa-Marta, que couronnent des neiges éternelles.

Andes centrales, depuis le nœud de Pasto jusqu'au nœud d'Atacama. Elles sont divisées par les nœuds de montagnes en plusieurs sections :

1° *Andes de l'Équateur*, du nœud de Pasto au nœud de Loja avec le volcan de Pichincha (4,787 mètres), et le Chimborazo (6,310 mètres, chaîne occidentale); l'Antisana (5,870 mètres) et le volcan du Cotopaxi (5,943 mètres, chaîne orientale).

2° *Andes du Pérou*, du nœud de Loja au nœud de Cuzco.

3° *Andes de Bolivie*, du nœud de Cuzco au nœud d'Atacama. Elles enferment le lac *Titicaca* (3,820 mètres) et le large plateau de Potosi ou de Bolivie. La chaîne occidentale présente le Misti ou volcan d'Arequipa (6,100 mètres); le Sahama (6,425 mètres); la Cordillère de l'est, le Nevado de Sorata (6,550 mètres) et le Nevado d'Illimani (6,410 mètres).

Andes méridionales ou du Chili, du nœud d'Atacama à l'extrémité méridionale de l'Amérique. Elles renferment le Copiapo (6,000 mètres), l'*Aconcagua* (7,320 mètres), le plus haut sommet des Andes et de toute l'Amérique. Les passages sont rares et difficiles. La passe de la Cumbre, entre Valparaiso et Mendoza, a 3,900 mètres.

Les montagnes de la **Parime** ou des Guyanes, entre l'Orénoque, le bas Amazone et les terres d'alluvion du littoral de l'Atlantique, s'abaissent peu à peu sur la mer par une série de gradins couverts de forêts vierges. Les points culminants dépassent 2,000 mètres (Mont Roraima, 2,500 mètres). La partie du système qui limite au sud la Guyane française porte le nom de Tumuc Humac.

Le *plateau brésilien* est un vaste plateau de 600 à 1,500 mètres de hauteur, qui s'abaisse progressivement vers l'ouest et a sur la côte de l'Atlantique sa principale chaîne, la sierra do Mar, la sierra de Mantiqueira (avec l'Itatiaya, point culminant, 2,712 mètres), la sierra do Espinhaço. De nombreuses autres sierras séparent les vallées du San Francisco, du Tocantins, de l'Araguay, etc. Le plateau peu élevé de Matto Grosso, les campos de Parexis, la Cordillera

Geral, sont le prolongement jusque sur la Madeira des hauteurs brésiliennes.

Une immense plaine basse s'étend depuis les Andes jusqu'à l'Atlantique, enveloppant les montagnes des Guyanes et du Brésil. Le bassin de l'Amazone, qui occupe l'étendue la plus large de cette plaine, a des communications naturelles au nord avec l'Orénoque, au sud avec le Paraguay.

La région des plaines comprend : au centre, d'épaisses forêts vierges (selvas); au nord et au sud, des étendues plates et sans bois (llanos au nord, pampas au sud).

Les *llanos,* entre les Andes et l'Orénoque (Vénézuéla et partie orientale de la Colombie), sont des steppes, arides pendant la saison sèche, inondées et couvertes d'herbes pendant la saison des pluies.

La région des *selvas* (bassin de l'Amazone), inondée pendant la saison des pluies, est couverte de forêts vierges, les plus vastes du monde.

La *pampa* (bassin du Rio de la Plata) est une grande région d'herbages, utilisée pour l'élevage du bétail et qui se prête à la culture. Elle se confond peu à peu, au nord, avec les steppes à peu près désertes du Chaco (vallées du Pilcomayo et du Vermejo) et avec les plaines boisées du Paraguay; au sud, avec les étendues froides et peu connues de la Patagonie.

La presque totalité du continent est tournée vers l'Atlantique; cette disposition a permis la formation de vastes et puissants fleuves.

Dans la mer des Antilles : l'Atrato; la *Magdalena,* qui reçoit à gauche le Cauca. La Magdalena est fréquentée par les vapeurs depuis Barranquilla, près de l'embouchure, jusqu'aux approches du plateau de Bogota; au-dessous de Barranquilla, elle forme une barre que les navires de mer ne franchissent pas. Ces cours d'eau sortent des Andes.

Dans l'Atlantique proprement dit :

1° L'*Orénoque,* qui sort de la Parime; il est encombré de rapides dans son cours supérieur; il passe à Ciudad Bolivar jusqu'où les navires de mer remontent, et forme un delta. Il communique par un canal naturel, le Casiquiare, avec le Rio Negro, affluent de l'Amazone. Il reçoit à gauche de grands affluents venus des Andes : le Guaviare, le Meta, l'Apure; à droite, le Caura, le Caroni, venus de la Sierra Pacaraima. Tous ces affluents apportent à l'Orénoque un volume d'eau énorme. Sa profondeur atteint jusqu'à 50 mètres et ses crues sont immenses.

2° Les nombreuses rivières des Guyanes. Elles sortent de la Parime et franchissent, par une série de sauts, les étages boisés de ce haut pays avant d'arriver aux terres basses du littoral. Parmi ces cours d'eau sont : l'Esséquibo, le Corentyne, le Surinam, le Maroni, l'Oyapoc.

3° L'*Amazone*, qui sort des Andes du Pérou. Il est formé par la réunion, à Nauta, de deux grands cours d'eau : le Tunguragua ou *Marañon*, qui parcourt le plateau des Andes et débouche en plaine, après avoir franchi plusieurs rapides et reçu le Huallaga; et l'Ucayali, formé de l'Apurimac et de l'Urubamba, qui naissent dans les Andes de Cuzco; il traverse l'immense océan de verdure de la Montaña péruvienne, qui se confond avec la Selva du Brésil. L'Amazone est le plus grand fleuve du monde. Il est navigable sans interruption depuis la mer jusqu'au pied des Andes. A Nauta, il a déjà 3 kilomètres de large; à la jonction des principaux affluents, la vue n'embrasse pas les deux rives. L'Amazone est toujours abondamment alimenté, grâce à l'alternance des pluies des deux côtés de l'équateur. Profond de 14 mètres à Nauta, dans le Pérou, de 20 mètres à la frontière du Pérou et du Brésil, il a ensuite une profondeur de 50 à 100 mètres. Avec ses affluents, il présente un réseau de voies navigables de plus de 30,000 kilomètres et un bassin de 7 millions de kilomètres carrés.

L'Amazone, à son embouchure, entoure l'île de Marajo. Le bras septentrional est le débouché principal des eaux; le bras méridional, ou rivière de Para, dans lequel finit le Tocantins, est celui que suit de préférence la navigation. L'embouchure septentrionale de l'Amazone est sujette, à l'époque de la nouvelle et de la pleine lune, à un énorme mascaret appelé pororoca.

L'Amazone reçoit plus de 400 grands affluents, parmi lesquels : à gauche, le Rio Napo, le Rio Putumayo, le Rio Yapura, le *Rio Negro,* qui finit au-dessous de Manaos; à droite, le Yavary, le Jurua, le Purus, la *Madeira,* formée du Beni (grossi lui-même de la rivière Madre de Dios) et du Mamoré, venus du plateau bolivien, et du Guaporé ou Itenez, venu des campos de Parexis; le Tapajoz, le Xingu, le Tocantins.

4° Plusieurs fleuves sortis des montagnes du Brésil. Le plus long, le San Francisco, est interrompu par une cataracte à 300 kilomètres de son embouchure.

5° Le Parana vient du plateau brésilien, coule au sud-ouest jusqu'à son confluent avec le Paraguay, puis au sud à travers la pampa argentine, où il arrose Corrientés, Santa Fé, Parana, Rosario. Le Paraguay lui apporte les eaux du plateau de Matto Grosso et ses sources communiquent presque avec celles d'une des branches du Tapajos. Il reçoit à droite le Pilcomayo et le Vermejo, longues rivières, mais peu abondantes, venues des Andes, et arrose l'Assomption. Un troisième fleuve, l'Uruguay, venu de la Sierra do Mar, tout près de l'Atlantique, vient se réunir au Parana, qui forme alors un immense estuaire long de 300 kilomètres, large de 75 à 100, le rio de la Plata, qui a sur sa rive droite Buenos Ayres et sur sa rive gauche Montevideo (1).

6° Les fleuves de la pampa méridionale et de la Patagonie, comme le Colorado, le rio Negro, etc.

Traversée par l'équateur, l'Amérique du sud a, dans sa plus grande étendue, un climat tropical, depuis la mer des Antilles jusqu'aux régions méridionales du Brésil et jusqu'aux régions septentrionales de la République argentine et du Chili. Le climat est tempéré à l'extrémité sud du Brésil (province de Rio Grande do Sul), dans les républiques du Rio de la Plata et au Chili. Il se refroidit ensuite à mesure qu'on se rapproche de l'extrémité méridionale : la Patagonie, la Terre de Feu ont une température rigoureuse; les parages du détroit de Magellan sont couverts de glaciers.

(1) Magdalena, 1,300 kilomètres; Orénoque, 2,300; Amazone, 5,900; Rio Negro, 2,300; Madeira, 3,400; Parana, 3,700; Paraguay, 2,200; Uruguay, 1,400.

Le long des côtes du Pacifique, le courant froid, dit de Humboldt, modère la chaleur; dans les Andes, le climat varie en raison de l'altitude; les plateaux des Andes ont un climat relativement tempéré (La Paz est à plus de 3,600 mètres d'altitude; Quito, à plus de 2,800 mètres; Bogota, à plus de 2,600 mètres).

Tandis que le versant oriental est abondamment arrosé, surtout sur les côtes de la Guyane et du Brésil et sur la pente orientale des Andes, la pluie manque absolument sur le littoral du Pérou et du Chili septentrional; l'Atacama, sur les confins du Pérou et du Chili, est un désert de sable.

Les pays voisins du Pacifique sont sujets à de fréquents tremblements de terre.

Dix républiques et trois colonies européennes se partagent le territoire de l'Amérique du sud. Ce sont, en partant du nord :

1º Le **Vénézuéla** (1,043,000 kilomètres carrés, 2,444,000 habitants en 1894, dont 5 à 600,000 blancs, Espagnols ou Canariens; les indications de superficie n'ont pour tous les États de l'Amérique du sud qu'une valeur approximative à cause des nombreux territoires contestés entre États voisins). C'est une république fédérative de neuf états, un district fédéral et un territoire, actuellement régie par une constitution du 21 juin 1893. Sa capitale, Caracas (72,000 habitants), située à 700 mètres d'altitude, est reliée par chemin de fer à son port, la Guayra. Elle conserve encore le souvenir du tremblement de terre de 1812, qui coûta la vie à 12,000 personnes.

Valencia (38,000 habitants) a pour port Puerto Cabello (11,000 habitants), le second port de la république. Valencia s'élève près du lac de Tacarigua, dans le district le plus peuplé du Vénézuéla et un des plus riches de l'Amérique en canne à sucre, indigo, café, etc.

Barquisimeto, Maracaïbo, dépassent 30,000 habitants. Dans l'intérieur, Ciudad Bolivar, sur l'Orénoque.

2º La **Colombie** ou Nouvelle-Grenade (1,203,000 kilomètres carrés, 1,330,000 suivant d'autres calculs, et

3,320,000 habitants, dont 400,000 blancs, 1 million de cholos, métis de blancs et d'Indiens), le reste Indiens plus ou moins sauvages, comme les Goajiros, les Muyscas, etc. C'est le troisième État de l'Amérique du sud par sa population.

République unitaire, depuis la constitution du 5 août 1886, divisée en neuf départements.

Capitale Santa Fé de Bogota (95,000 habitants), à 2,610 mètres d'altitude, sur l'emplacement de Cundinamarca, l'ancienne capitale des Muyscas.

Medellin (37,000 habitants), Popayan, Antioquia (30,000 habitants), sont, avec la capitale, les principales villes de l'intérieur. Boyaca rappelle une célèbre victoire de Bolivar en 1819.

Les ports sont Panama (25,000 habitants), sur le Pacifique; Colon, Carthagène; Sabanilla, unie par chemin de fer à Barranquilla (20,000 habitants), à l'embouchure de la Magdalena; Santa Marta.

3° L'**Équateur** (300,000 kilomètres carrés et environ 1,400,000 habitants, dont 500,000 blancs et cholos). République unitaire, divisée en dix-sept provinces. Constitution de 1897.

Capitale Quito, ancienne ville des Incas, située au milieu des Andes, à 2,850 mètres (80,000 habitants); Cuença (25,000 habitants); Riobamba (18,000 habitants).

Deux ports méritent d'être mentionnés, Esmeraldas et Guayaquil (51,000 habitants).

Les îles Galapagos dépendent de cette république.

4° Le **Pérou** (1,137,000 kilomètres carrés, 3 millions d'habitants, dont 300,000 blancs et 500,000 cholos). Les Indiens, Quichuas, Aymaras, etc., sont, comme dans tous ces États, en majorité.

Capitale Lima (103,000 habitants), sur le torrent de Rimac. Son port, le Callao (35,000 habitants), fait un commerce fort actif. De Lima part vers l'intérieur le plus remarquable chemin de fer du globe, le futur transandin, qui franchit la crête des Andes à 4,800 mètres de hauteur; mais il ne dépasse pas la Oroya.

Arequipa (30,000 habitants), située au pied du volcan Misti et souvent éprouvée par les tremblements de terre, est la seconde ville de la république. Elle a pour ports Mollendo et Islay. Elle est le point de départ d'un autre transandin qui doit atteindre Puno, sur le lac Titicaca, et l'ancienne et curieuse ville de Cuzco (22,000 habitants), près de l'Apurimac, à 3,468 mètres de hauteur.

Les îles Chinchas, tout près de la côte, en face de Pisco, ont fourni d'immenses quantités de guano, dont l'exploitation a attiré au Pérou quelques Chinois qui y forment encore le principal groupe ethnographique étranger.

Tacna et Arica ont été enlevés au Pérou par sa malheureuse guerre de 1879-1883 contre le Chili.

5° La même guerre a coûté encore plus cher à la **Bolivie** (1,334,000 kilomètres carrés, 2 millions à 2,200,000 habitants), qui s'est vu enlever sa province de Cobija, et n'est plus qu'un état entièrement continental, sans autre communication avec l'Europe que celles que peuvent fournir le cours de la Madeira, coupé par des cascades, ou les eaux insuffisantes du Pilcomayo. C'est la moins peuplée, la plus pauvre de toutes ces républiques et la plus désolée par les révolutions.

Capitale Sucre ou Chuquisaca (27,000 habitants). Villes principales La Paz (62,000 habitants), à 3,720 mètres d'altitude, près du pic d'Illimani, ancienne capitale. Cochabamba (29,000 habitants); Oruro (15,000 habitants); Potosi (16,000 habitants), en a eu au XVIIIe siècle jusqu'à 170,000, attirés par l'exploitation des mines d'argent, alors les plus riches du globe, et aujourd'hui fort déchues, quoique fournissant encore beaucoup de ce métal.

6° Le **Chili** (776,000 kilomètres carrés, 3,050,000 habitants, l'état le plus dense de l'Amérique du sud) comprend le versant occidental des Andes depuis le 18° latitude nord jusqu'au détroit de Magellan, et la partie occidentale de la Terre de Feu. Capitale Santiago (250,000 habitants). Ports: Arica, Iquique (33,000 habitants); Antofagasta, Coquimbo, Valparaiso (122,000 habitants); Conception (40,000 habitants); Valdivia; Punta Arenas, sur le détroit de Magellan. — Échelonné sur une grande longueur parallèlement au Pacifique, le territoire chilien se divise en trois zones, du nord au sud : la zone septentrionale, aride, est celle des productions minérales (nitrate de soude, cuivre, argent); la zone centrale, la plus peuplée, est celle de l'agriculture (blé, vigne, bétail) et des grandes villes; la zone méridionale est celle des forêts et des pêcheries.

Le Chili est de tous les États de l'Amérique du sud le plus favorisé par la nature, surtout au point de vue des communications. C'en est aussi le plus prospère; malheureusement, il paraît être entré lui aussi, depuis 1889, dans l'ère des révolutions. Ses victoires sur le Pérou et la Bolivie (1879-1883) furent éclatantes.

7° La **République argentine** a une superficie de 2,885,000 kilomètres carrés et une population d'environ 4 millions d'habitants (Indiens, Gauchos et Européens, ceux-ci sans cesse accrus par une immigration considérable, la plus forte après celle qui se porte aux États-Unis, et qui amène environ 80 à 100,000 nouveaux habitants chaque année : elle se compose principalement d'Italiens, puis d'Espagnols, et au troisième rang viennent les Français).

La pointe méridionale de la République, ou Patagonie, plateau froid et encore désert, et l'extrémité septentrionale qui comprend les savanes désertes du Gran Chaco, sont jusqu'ici sans importance. Dans le milieu s'étend la pampa, immense mer d'herbe, et parfois, sur les points cultivés, de blé, qui nourrit une énorme quantité de bétail et peut devenir une importante région de culture. A l'extrémité ouest, le long des Andes, est une région de mines. A l'est, dans l'Entre-Rios (entre Paraguay et Uruguay) et le Corrientes, est la partie la plus fertile.

La constitution de la république est fédérative. Sa capitale, Buenos Aires, a atteint en 1898 une population de 750,000 habitants; c'est de beaucoup la plus grande ville de l'Amérique du sud.

Viennent ensuite Rosario, rivale de Buenos Aires (94,000 habitants); la Plata, capitale de la province de Buenos

Aires (45,000 habitants); Cordova, au pied d'une sierra qui interrompt la monotonie des pampas (47,000 habitants); Tucuman (34,000 habitants); Mendoza (28,000 habitants), où aboutit le chemin de fer qui doit être prolongé par la passe de la Cumbre et réunir Santiago à Buenos Aires; Santa-Fé, Parana (24,000 habitants).

La République argentine est peut-être de toute l'Amérique du sud le pays qui a le plus d'avenir. Son développement économique est déjà intense; il le serait davantage sans les troubles politiques qui ont désolé ce riche pays et la dette énorme qui l'accable.

8° **Uruguay** (186,000 kilomètres carrés, 827,000 habitants). Petit coin de terre entre le fleuve Uruguay et l'Atlantique, l'Uruguay est un pays de plaines et de pâturages, assez analogue à l'Argentine. L'immigration européenne y est d'environ 20,000 âmes par an.

Sa capitale, Montevideo (175,000 habitants), a un port moins facilement abordable que celui de Buenos Aires. Villes principales : Colonia, Salto, Fray Bentos, grand centre pour la préparation des conserves de viande.

9° **Paraguay** (253,000 kilomètres carrés, 432,000 habitants). Cet état est séparé de la mer, et il commence seulement à se relever de la terrible guerre qu'il a soutenue de 1865 à 1870 contre le Brésil, l'Argentine et l'Uruguay. Capitale, l'Assomption (25,000 habitants).

10° États-Unis du **Brésil** (8,340,000 kilomètres carrés, 14,300,000 habitants), capitale Rio de Janeiro (522,000 habitants). Cet État, un des plus vastes du monde, confine à tous les autres États de l'Amérique du Sud, le Chili excepté. Il comprend la plus grande partie du bassin de l'Amazone, le bassin supérieur du Rio de la Plata, le littoral de l'Atlantique depuis l'embouchure de l'Amazone jusqu'aux approches de l'estuaire du Rio de la Plata. Villes : sur l'Atlantique, Belem (ou Para, 50,000 habitants), Recife (ou Pernambuco, 111,000 habitants), Bahia (ou San Salvador, 174,000 habitants), Santos, Rio Grande do Sul (52,000 habitants); dans l'intérieur, Saint-Paul (São Paulo, 64,000 habitants), Ouro Preto (59,000 habitants),

Manaos. — Cette immense contrée paraît réservée à une brillante destinée; toutes les richesses naturelles y abondent; la région méridionale, dont le climat est tempéré, attire l'immigration européenne, principalement les Italiens, les Allemands et les Portugais. Malheureusement, les troubles politiques sont graves, et il y a de la part de plusieurs des états confédérés des menaces de sécession.

Possessions européennes des **Guyanes**. *Guyane anglaise* (bassin de l'Esséquibo; frontière contestée avec le Vénézuéla), capitale Georgetown (ou Demerara). *Guyane hollandaise* (entre le Corentyne et le Maroni) ou colonie de Surinam, capitale Paramaribo. *Guyane française* (entre le Maroni et l'Oyapoc), capitale Cayenne. Le territoire, à peu près inhabité, qui s'étend de l'Oyapoc à l'embouchure de l'Amazone, est contesté entre la France et le Brésil depuis le traité d'Utrecht (1713), et ce litige est actuellement soumis à l'arbitrage du président de la Confédération helvétique. — La Guyane anglaise, la plus peuplée et la plus cultivée des trois colonies européennes, produit surtout du sucre. Dans la Guyane française, l'agriculture est à peu près abandonnée; l'activité est employée à l'exploitation des gisements aurifères.

Iles **Falkland** ou Malouines, à l'Angleterre. Ce petit archipel brumeux (1,800 habitants), situé à l'est du détroit de Magellan, a pour industrie l'élevage du mouton et sert de station de relâche.

En somme, l'Amérique du sud est très peu peuplée (35 à 36 millions d'habitants) ; et cette population est très inégalement répartie entre les différentes parties du continent. Presque tout l'intérieur est encore désert et parfois même inexploré. La civilisation n'a vraiment pris possession que de la zone située entre le littoral et la chaîne des Andes, de la côte Atlantique, depuis l'Amazone jusqu'au rio de la Plata, et de la partie moyenne et inférieure des bassins du Paraguay et du Parana. Sauf ces contrées, dont la densité varie en général de 10 à 50 habitants au kilomètre carré, l'Amérique du Sud n'a même pas une moyenne de 1 habitant au kilomètre carré.

Les langues principales sont : le *portugais* au Brésil ; l'*espagnol* dans toutes les autres républiques. Le Brésil est une ancienne colonie portugaise ; en 1822, il se sépara du Portugal et devint un empire constitutionnel, sous le gouvernement d'un prince de la maison de Bragance ; depuis la révolution du 15 novembre 1889, le Brésil est en république. Les autres États sont, ainsi que le Mexique et l'Amérique centrale, d'anciennes colonies espagnoles, qui se sont rendues indépendantes de 1810 à 1825.

Outre les *créoles* (descendants des Espagnols, des Portugais et des immigrants européens du XIXe siècle), outre les immigrants européens, la population de l'Amérique du sud comprend une forte proportion d'*Indiens* (descendants des populations antérieures à la découverte de l'Amérique) ou de *métis*. Dans les régions tropicales et surtout dans les Andes, la majeure partie de la population sédentaire se compose d'une race mêlée où domine le sang indien. Dans les régions tempérées, au contraire, l'élément indien disparaît peu à peu devant l'immigration européenne.

Les principales races indiennes, subdivisées en nombreux groupes, sont : les Quichuas (gouvernés autrefois par les Incas), dans les Andes centrales ; les Guaranis, depuis le Rio de la Plata jusqu'à la mer des Antilles ; les Araucans, à l'extrémité méridionale de l'Amérique (sud-ouest du Chili, Patagonie, Terre de Feu).

L'Amérique du sud comprend, en outre, mais en proportions beaucoup moins considérables, des nègres, d'origine africaine, peu nombreux, sauf au Brésil et en Colombie. En 1888, l'esclavage a été aboli au Brésil, seul état américain où il subsistait encore.

L'immigration européenne est très faible dans la zone torride. Mais, depuis quelques années, elle a pris un développement considérable dans les régions à climat tempéré (républiques de la Plata, sud-est du Brésil). Cette immigration comprend surtout des Italiens et, après eux, des Espagnols, des Français (Basques, Méridionaux, Savoisiens) ; les Italiens, à eux seuls, représentent les trois quarts de l'immigration dans la République argentine.

Buenos Aires et Montevideo pour les républiques de la Plata, Rio de Janeiro et Santos pour le Brésil, sont les ports où arrivent les immigrants.

Les habitants de l'Amérique du sud sont, pour la plupart, catholiques.

La production de l'Amérique du sud comprend presque exclusivement les denrées de consommation, les matières premières tirées de la végétation ou de l'élevage et, en moindre proportion, les produits des mines.

En raison du faible peuplement des régions intérieures, ce n'est guère que sur le pourtour du continent sud-américain et dans la pampa que l'activité humaine s'exerce. La région montagneuse qui domine la côte orientale du Brésil et plus encore les régions à climat tempéré ou semi-tempéré (sud-est du Brésil depuis Rio de Janeiro, républiques de la Plata, Chili) sont celles où le travail a pris le plus de développements. Les deux premiers pays de production sont le Brésil et la République argentine.

Dans la zone tropicale ou semi-tropicale, les produits végétaux dus au travail de l'homme sont principalement les **denrées coloniales** (café, sucre de canne, cacao) et le coton. C'est au Brésil que cette production est la plus forte. Le Brésil récolte surtout du café; il fournit à lui seul plus de la moitié du café consommé dans le monde entier. Pour le sucre et le coton, le Brésil, bien qu'inférieur à d'autres contrées situées en dehors de l'Amérique du sud, occupe le premier rang dans ce continent.

Les pays de production les plus importants sont :

Pour le **café** : le Brésil (région du sud, et surtout province de Saint-Paul), le Vénézuéla, la Colombie. Ports d'exportation : Rio de Janeiro, Santos (Brésil); la Guayra (Vénézuéla).

Pour le *sucre :* le Brésil (région de l'est; ports d'exportation : Recife, Bahia), la Guyane anglaise, le Pérou.

Pour le *coton :* le Brésil.

Pour le *cacao :* l'Équateur (port d'exportation : Guayaquil), le Vénézuéla, le Brésil.

Le Brésil (province de Bahia) est, après les États-Unis et Cuba, le pays qui récolte le plus de *tabac*.

La région des Andes (Bolivie, Pérou, Colombie) a, comme produits caractéristiques, le quinquina, la coca, qui sert de masticatoire et de fortifiant.

Parmi les produits de la végétation spontanée des régions tropicales, les principaux sont :

Dans les forêts vierges, surtout au Brésil : le *caoutchouc* (bassin de l'Amazone; ports d'exportation : Manaos, Belem) ; les bois de teinture et d'ébénisterie, dont l'exploitation est encore rudimentaire; la fève de tonka; les plantes médicinales.

Dans les Andes : l'ivoire végétal (Équateur).

Dans l'ancien pays des Missions : le maté ou *yerba maté*. C'est une espèce de houx qui se rencontre dans les forêts, sur le tropique du Capricorne, entre le Rio Paraguay à l'ouest, l'Atlantique à l'est. Avec les rameaux torréfiés et pulvérisés de la yerba on fait, à l'aide d'une infusion chaude, une boisson, le maté, qui est d'un usage général dans les contrées méridionales de l'Amérique du sud.

Les cultures les plus importantes de la région tempérée sont : dans la pampa, le *maïs*, le lin; au Chili, le blé. La culture de la vigne, assez considérable au Chili, commence à se répandre dans la République argentine et le sud-est du Brésil (province de Saint-Paul).

Le bassin du Rio de la Plata (République argentine, Uruguay, sud-est du Brésil avec la province de Rio Grande do Sul), est une vaste région d'**élevage** (moutons, bœufs, chevaux). C'est, après l'Australasie, le pays qui fournit le plus de laine. Les principaux produits de l'élevage sont : **les laines**, les **peaux**, les cuirs, les suifs, les viandes conservées soit par le sel et la dessiccation, soit par des réfrigérants. Les usines à viande *(saladeros)* se trouvent surtout dans l'Uruguay; la plus importante de ces usines fabrique, parmi ses divers produits, l'extrait de viande dit extrait Liebig. — Dans la pampa, l'élevage prépare le sol pour l'agriculture, qui a pris, durant ces dernières années, une importance croissante.

Les Andes possèdent des quadrupèdes spéciaux, lama, alpaca, qui fournissent de la laine.

Les régions minières sont : les Andes, les Guyanes, le Brésil. Les principaux produits des mines sont : les métaux précieux, **argent** (Bolivie avec les mines de Potosi, Chili septentrional; pour la production de l'argent, cette région occupe le troisième rang, après les États-Unis et le Mexique); *or* (Guyane vénézuélienne, Guyane française, Colombie à l'ouest de la Magdalena, Chili); le *cuivre* (Chili septentrional). Le Brésil (provinces de Minas Geraes et de Matto Grosso) extrait l'or et les diamants; cette production est peu considérable.

L'absence des pluies sur la côte centrale du Pacifique a facilité la formation des efflorescences salines et des dépôts de guano. Dans le désert d'Atacama (Chili septentrional), on exploite le **nitrate de soude** (port d'exportation : Iquique) et le guano. Les gisements de guano du Pérou (îles Chinchas) sont épuisés.

La principale industrie dans l'Amérique du sud dérive de l'élevage (saladeros) et de la culture (usines à sucre). L'industrie manufacturière n'a qu'une importance restreinte et n'est exercée que pour les besoins locaux; c'est dans les grands centres (Rio de Janeiro, Buenos Aires, Santiago) qu'elle a pris le plus de développements. La république de l'Équateur et la Colombie fabriquent pour l'exportation les chapeaux dits de Panama.

Les pays dont le commerce est le plus considérable sont : le Brésil, la République argentine, le Chili. — Commerce extérieur annuel : Brésil, 1,215 millions de francs en 1897; République argentine, plus d'un milliard; Chili, 734 millions en 1896; Uruguay, 265 millions en 1897; Vénézuéla, 176 millions.

Les principaux produits d'exportation sont : pour le Brésil, le café, le sucre, le coton, le tabac, le caoutchouc; pour la République argentine, la laine, les peaux, le maïs; pour le Chili, les produits des mines (nitrate de soude, cuivre, argent).

La principale importation dans l'Amérique du sud est celle des objets fabriqués. Les régions qui ont pour spécialité la production des denrées coloniales importent, en outre, des matières d'alimentation (farine, produits animaux, sucre raffiné).

Au pair, le *milréis* (Brésil) vaut 2 francs 83, le *peso* (République argentine, Chili) vaut 5 francs.

La plupart des transports se font par mer. Principaux ports : Sur l'Atlantique, Colon; la Guayra; Recife, Bahia, *Rio de Janeiro*, Santos; *Montevideo; Buenos Aires*. Sur le Pacifique, *Valparaiso;* le Callao; Guayaquil; Panama.

Les chemins de fer sont peu nombreux. Sauf dans la République argentine, où les vastes étendues plates de la pampa ont facilité l'établissement de voies de pénétration, les chemins de fer n'existent que dans la zone du littoral et relient un certain nombre de ports avec quelques grandes agglomérations ou quelques régions de production. Les États qui possèdent le plus de voies ferrées sont : le Brésil (13,900 kilomètres); la République argentine (15,000 kilomètres) : nombreuses lignes partant de Buenos Aires et se dirigeant à l'ouest à travers la pampa : Buenos Aires à Rosario, Rosario à Tucuman par Cordoba, Rosario à Mendoza, section du chemin de fer transandin en construction; le Chili (2,700 kilomètres). En Colombie, le chemin de fer de Colon à Panama relie la mer des Antilles au Pacifique.

Si jamais, comme le projet en a été formé, une voie ferrée réunit Pernambuco à Montevideo et Buenos Aires, et Buenos Aires à Valparaiso, ces deux villes ne seront plus qu'à 12 et 13 jours de l'Europe.

RÉGIONS POLAIRES

Les régions polaires, enchâssées presque toujours dans la banquise, ne sont qu'imparfaitement connues, surtout dans l'hémisphère austral. Dans l'hémisphère boréal, où les continents se prolongent jusqu'au nord du cercle polaire, les explorations ont été portées jusqu'au 86e degré de latitude. Dans l'hémisphère austral, où les continents se terminent en pointe à une grande distance du pôle, les explorations n'ont guère dépassé le cercle polaire, sauf sur quelques points où elles se sont avancées jusqu'au 78e degré de latitude.

Dans l'hémisphère boréal, les terres polaires se composent d'archipels : au nord de l'Europe, Spitzberg, Nouvelle-Zemble, Terre François-Joseph ; au nord de l'Asie, archipel de la Nouvelle-Sibérie, île Wrangel ; au nord de l'Amérique, Terres arctiques américaines, Grönland.

Dans l'hémisphère austral, les terres polaires forment peut-être un continent ; les quelques terres que l'on connaît seraient des parties du rivage ou des abords insulaires de ce continent : au sud de l'Amérique, Terre Graham, Terre Louis-Philippe, îles Shetland du sud, îles Orcades du sud ; au sud de l'Afrique, terre d'Enderby ; au sud de l'Australie et de la Nouvelle-Zélande, Terre de Wilkes, Terre Adélie, Terre Victoria avec les volcans de l'Erebus et du Terror, sur le 78e degré de latitude environ.

HISTOIRE

DES DÉCOUVERTES GÉOGRAPHIQUES

Au IIe siècle de l'ère chrétienne, au moment où l'empire romain approche de son déclin, les connaissances géographiques de l'antiquité classique comprenaient la majeure partie de l'Europe, l'Asie occidentale et méridionale, le nord de l'Afrique, savoir :

1° L'Europe méridionale, occidentale (y compris les Iles britanniques) et centrale; le littoral septentrional de la mer Noire et les régions voisines; quelques notions vagues sur la plaine sarmate (Russie), sur la partie méridionale de la Scandinavie, sur la région insulaire ou Thulé (probablement l'Islande) située au nord-ouest de l'Europe.

2° L'Asie occidentale (Asie mineure, Syrie, Mésopotamie, Arménie et pays du Caucase, Iran, Turkestan); l'Asie méridionale, depuis la mer Rouge jusqu'à la presqu'île de Malacca; quelques notions vagues sur la Chine et sur le plateau central de l'Asie.

3° L'Afrique septentrionale, depuis la mer jusqu'au Sahara où les anciens avaient pénétré; la vallée du Nil, depuis l'Égypte jusqu'aux marécages (lac No) que le Nil forme sur le 9e degré de latitude nord; la côte orientale d'Afrique, depuis la mer Rouge jusqu'au delà de Zanzibar; quelques indications vagues sur le Soudan et sur la région de grands lacs et de hautes montagnes où se trouve le bassin supérieur du Nil.

Partis de la côte de Syrie, les Phéniciens avaient exploré la Méditerranée, franchi les colonnes d'Hercule (détroit de Gibraltar) et découvert l'océan Atlantique; ils avaient fondé des établissements sur le littoral de l'Atlantique, en Europe jusqu'aux Iles britanniques, en Afrique jusqu'aux rivages du Sahara. En Asie les conquêtes d'Alexandre et des Grecs, dans l'Europe de l'ouest et du centre les conquêtes des

Romains, avaient reculé la limite des connaissances géographiques.

Parmi les voyages d'exploration dont l'antiquité nous a laissé le souvenir, les principaux sont les suivants :

Des marins phéniciens, au service de l'Égypte, firent probablement (vers l'an 600 avant Jésus-Christ) le tour de l'Afrique; partis de la mer Rouge, ils seraient revenus par le détroit de Gibraltar. — L'amiral carthaginois Hannon (VIe siècle avant Jésus-Christ) explora, au delà du détroit de Gibraltar, la côte occidentale d'Afrique, dépassa certainement l'embouchure du Sénégal et reconnut probablement le golfe de Guinée. — Pythéas, Grec de Marseille (IVe siècle avant Jésus-Christ), explora les mers du nord de l'Europe; il visita les côtes de la Grande-Bretagne et de la mer Baltique et recueillit les premières notions sur Thulé.

Aux données de l'antiquité classique, le moyen âge ajouta :

La connaissance du reste de l'Europe (péninsule scandinave, Islande, plaine de l'Europe orientale).

Pour l'Asie, des notions détaillées sur l'Asie centrale et l'Asie orientale (partie continentale), sur les îles malaises voisines du continent asiatique; quelques indications sur le Japon et la Sibérie.

Pour l'Afrique, des notions sur une assez grande partie du Soudan.

Dès le moyen âge, les Scandinaves de l'Islande arrivèrent au Grönland et de là au littoral du Labrador et du golfe du Saint-Laurent, mais sans soupçonner l'existence d'une nouvelle partie du monde (voir page 100).

L'extension du christianisme, celle de l'empire arabe et de la propagande musulmane (dès le moyen âge, l'islamisme pénétrait, avec les Arabes, au Soudan, le long de la côte orientale d'Afrique, en Malaisie), les croisades, les relations commerciales des Arabes et des républiques maritimes d'Italie (Venise, Gênes) avec l'Orient, quelques relations politiques entre les princes chrétiens et les Mongols, contribuèrent aux progrès de la géographie. Les renseignements nouveaux relatifs à l'Afrique sont dus aux Arabes.

Parmi les voyages des chrétiens, les plus étendus sont ceux du Vénitien Marco-Polo, qui parcourut l'Asie durant vingt-cinq ans (1271-1295). Il visita le Turkestan, l'Asie centrale, la Chine, l'Indo-Chine, Sumatra, l'Inde, la Perse et signala à l'Europe le Japon. — Parmi les voyages des musulmans, les plus étendus sont ceux d'Ibn-Batouta, originaire du Maroc. Il voyagea pendant trente ans (1325-1354), visita la plus grande partie de l'Asie jusqu'au Pacifique, les îles de la Sonde, le sud et l'est de la plaine de l'Europe orientale, le nord de l'Afrique et le Soudan.

Le XVe siècle commence l'ère des grandes découvertes qui se poursuivent au XVIe. Les Portugais par l'est, puis les Espagnols par l'ouest, cherchent sur les mers la route de ces contrées de l'Extrême-Orient (les Indes) dont les récits du moyen âge ont vanté les merveilles.

Durant le XVe siècle, les Portugais relèvent peu à peu, de cap en cap, la côte occidentale d'Afrique. A la fin du XVe siècle, ils franchissent le cap de Bonne-Espérance (1497, Vasco de Gama) et arrivent dans l'Inde. Bientôt (première moitié du XVIe siècle) ils pénètrent dans l'Extrême-Orient.

Se dirigeant vers les Indes par une route opposée, les Espagnols rencontrent le Nouveau Monde (1492, Christophe Colomb).

Une expédition espagnole, conduite par le Portugais Magellan, fait le premier tour du monde (1519-1522). Après avoir franchi l'Atlantique, elle découvre et traverse le détroit de Magellan, parcourt l'océan Pacifique, touche aux Mariannes, aux Philippines, où Magellan est tué, et rentre en Europe par le détroit de Malacca et le cap de Bonne-Espérance.

Les principaux événements géographiques sont ensuite :

Au XVIIe siècle, l'exploration des mers de l'Australasie par les Hollandais (Tasman) ; d'une partie de l'Amérique du nord (bassin du Saint-Laurent, Mississipi) par les Français; l'occupation par les Russes de la Sibérie, où les Russes avaient commencé à pénétrer durant la seconde moitié du XVIe siècle.

Au XVIIIe siècle, l'exploration de l'Océanie (Cook). A dater de la seconde moitié du XVIIIe siècle, les explorations prennent un caractère avant tout scientifique.

Au XIXe siècle, l'exploration des régions polaires arctiques (Parry, Franklin) et antarctiques (James Ross); de l'Afrique intérieure (Mungo Park, René Caillié, Barth, Livingstone, Burton, Speke, Stanley, Binger). Le XIXe siècle a presque achevé la reconnaissance du globe terrestre, excepté celle des régions qui avoisinent les pôles; il a donné de la certitude et de la précision à des notions précédemment obtenues, mais demeurées obscures et vagues; il a complété, par des investigations dirigées avec méthode, les acquisitions antérieures de la géographie.

Asie.

Arrivés dans l'Inde, à Calicut (1498), avec Vasco de Gama, les Portugais avaient bientôt (première moitié du XVIe siècle) exploré les mers de l'Asie méridionale, franchi le détroit de Malacca, pénétré en Malaisie; ils étaient entrés en rapport avec la Chine, puis avec le Japon. Au XVIIe et au XVIIIe siècle, les relations des missionnaires jésuites ajoutèrent de nombreux renseignements aux connaissances acquises déjà sur l'Asie orientale.

Les Russes avaient pénétré en conquérants dans la Sibérie durant la seconde moitié du XVIe siècle; avant la fin de ce même siècle, ils étaient maîtres de la Sibérie occidentale jusqu'à l'Obi. Au XVIIe siècle, ils étendirent, à travers la Sibérie, leur domination jusqu'au Pacifique.

Le Danois Béring, au service de la Russie, reconnut (1728) le détroit qui porte son nom.

Le Français La Pérouse (1787) reconnut les côtes d'une partie du Japon, des Kouriles, de l'île Sakhalin, de la Mandchourie.

Au XIXe siècle, de nombreux explorateurs ont étudié

l'Asie centrale et orientale : les missionnaires français (Huc, Desgodins, David) en Chine et au Tibet; les explorateurs indous (les pandits) du Tibet, dressés aux méthodes scientifiques par les Anglais; les Russes, et notamment Prjévalsky, au plateau central (Thian-Chan, Mongolie, Tibet, bassin du Tarim); les frères Schlagintweit (Allemands) aux monts Karakoroum et Kouenlun; l'Allemand Richthofen en Chine; le Suédois Sven Hédin a parcouru, de 1894 à 1897, le Pamir, le Turkestan chinois, le Tibet et est allé jusqu'à Pékin. A la France appartiennent Doudart de Lagrée et Garnier qui, en 1866-68, ont remonté le Mé-Kong, traversé le Yun-nan et descendu le Yang-tsé-Kiang; Pavie, qui a exploré l'Indo-Chine; Bonvalot, explorateur du Pamir et du plateau central (1886-1890).

L'Anglais Palgrave a été le principal explorateur de l'Arabie (1862).

Afrique.

Au xve siècle, à dater de l'année 1415, les Portugais, cherchant une route par l'est vers les Indes, dirigèrent vers les mers de l'Afrique occidentale une longue série d'expéditions dont le promoteur fut le prince Henri de Portugal. Ils reconnurent peu à peu la côte occidentale d'Afrique : ils arrivèrent successivement au cap Bojador (1433), au cap Vert (1446), au golfe de Guinée (1470), à l'embouchure du Congo (1484). En 1486, Barthélemy Diaz atteignait et même dépassait le cap des Tempêtes (cap de Bonne-Espérance). Onze ans après, Vasco de Gama franchissait ce cap (1497), touchait à la côte de Natal, suivait le littoral sud-est de l'Afrique, entrait en relations avec les établissements (Mombasa et Mélinde) fondés depuis longtemps par les Arabes sur la côte orientale et, guidé par un pilote de Mélinde, arrivait (1498) dans l'Inde.

Dans la seconde moitié du xviiie siècle, l'Écossais Bruce (1769-1771) explora l'Abyssinie et notamment la région des sources du Nil bleu. Les grandes découvertes à l'intérieur de l'Afrique commencent à la fin du XVIIIe siècle, sous l'impulsion de l'Association africaine, société scientifique fondée à Londres en 1788.

Niger et Soudan. L'Écossais Mungo Park, parti des possessions anglaises de la Gambie, ouvrit la route du Soudan occidental et fut le premier Européen qui ait recueilli des notions précises sur le Niger. Dans un premier voyage (1795-1797), il atteignit le Niger à Ségou (1796) et explora ce fleuve de Sansandig à Bamako. Dans un second voyage (1805), il descendit le Niger depuis Bamako jusqu'aux rapides de Boussa, où il périt.

Le Français René Caillié (1827-1828), parti du Rio-Nunez et passant par le Fouta-Djalon et les contrées situées à l'est du Niger, arriva à Timbouctou (1828); il rentra en Europe par le Sahara et le Maroc.

Les Anglais Denham, Clapperton et Oudney (1822-1824) se rendirent au Soudan par Tripoli, le Fezzan, le Sahara (oasis de Bilma); ils découvrirent le Tchad (1823) et explorèrent le Soudan central.

Dans un nouveau voyage (1825-1827), Clapperton, parti de la côte de Guinée, atteignit le Niger aux environs des rapides de Boussa. Les deux frères Lander (Anglais), arrivés au Niger par la même route, descendirent (1830) ce fleuve depuis Boussa jusqu'à l'Atlantique. L'Anglais Baikie, remontant le Niger en bateau à vapeur, depuis ses embouchures jusqu'au confluent de la Binoué, a relevé (1854) le cours de la Binoué.

Le Soudan, à l'ouest et au sud du Tchad, a été reconnu en détail par une grande mission scientifique (1850-1855), organisée par le gouvernement britannique et que composaient Richardson (Anglais), Barth et Overweg (Allemands). La mission se rendit au Soudan par Tripoli, Rhat et l'Aïr. Resté seul (1852) par la mort de ses compagnons, Barth explora le bassin moyen du Niger, séjourna sept mois à Timbouctou (1853-1854) et descendit le Niger de Timbouctou à Say, reliant ainsi à peu près les découvertes de Park et de Caillié à celles de Clapperton et des frères Lander.

. L'Allemand Rohlfs (1865-1867) est allé de Tripoli au golfe de Bénin, en passant par le Bornou.

L'Autrichien Lenz (1880) est allé du Maroc au Sénégal, en passant par Timbouctou.

L'Allemand Nachtigal (1869-1874), après s'être rendu de Tripoli au Tchad, a exploré le Soudan oriental et notamment le Ouadaï, où son compatriote Vogel avait péri en 1856.

Dans le Soudan occidental, l'action politique de la France accroît de plus en plus le domaine des connaissances géographiques. Préparée par les missions envoyées par le gouvernement français au pays de Ségou (Mage, 1863-1865; Gallieni, 1880-1881), l'occupation du haut Niger par les postes français a commencé en 1883 (fondation du fort de Bamako) et s'étend aujourd'hui, en amont jusqu'à Kouroussa, en aval jusqu'au delà de Timbouctou. Des canonnières françaises parcourent le fleuve depuis 1884; en 1887, une canonnière française a descendu le Niger jusqu'en vue de Timbouctou; cette expédition a été renouvelée en 1889.

La France complète aujourd'hui par des missions parties de ses établissements du Soudan la connaissance du Soudan occidental. Le Français Binger (1887-1889) a relié les établissements français du Niger aux établissements français du golfe de Guinée. Parti de Bamako, il a parcouru l'état du Ouassoulou, les états du roi Tiéba, le pays de Kong, le Mossi, le bassin supérieur de la Volta et est arrivé à Grand-Bassam par la rivière Akba.

Le Français Monteil (1891-1892) a traversé de l'ouest à l'est la boucle du Niger, de Ségou à Say, puis le Sokoto, le Kano, le Bornou, a atteint le lac Tchad, traversé le Sahara et est arrivé à Tripoli.

Le commandant Toutée, en 1895, a exploré le Niger de Boussa à Sinder.

La mission Hourst (1895-1897) est allée de Koulikoro sur le Niger, en aval de Bamako, à la mer.

En 1897, le lieutenant Blondiaux a exploré les rivières de la Côte d'Ivoire, la Sassandra, la Cavally.

Nil et grands lacs. Diverses expéditions (1839-1841), envoyées par le vice-roi d'Égypte Méhémet-Ali, remontèrent le Nil blanc, qui fut reconnu jusqu'à Gondokoro (vers le 5e degré de latitude nord).

Rebmann et Krapf, missionnaires de l'Église anglicane, découvrirent (1849), le premier le Kilimandjaro, le second le Kénia. Des notions recueillies auprès des indigènes de la côte orientale signalèrent l'existence probable de grands lacs au delà des montagnes. Ces grands lacs ont été reconnus par des Anglais (Burton, Speke, Baker).

Partis de Zanzibar, Burton et Speke découvrirent le Tanganyika (1858), Speke seul le lac Victoria (1858).

Speke et Grant (1861-1863), partis de Zanzibar, explorèrent plus complètement le lac Victoria et découvrirent le cours d'eau qui en sort et qui est une des branches du Nil; ils arrivèrent de là à Gondokoro et rentrèrent en Europe en descendant le Nil.

Baker, remontant le Nil, découvrit le lac Albert (1864).

Dans son second voyage, Stanley a découvert (1876) un lac considéré d'abord comme le prolongement méridional du lac Albert et qui bientôt après a été reconnu comme un lac distinct, sous le nom de Mouta-Nzigé. L'Italien Gessi a exploré en détail le lac Albert; le lac méridional a été visité par Stanley dans son quatrième voyage en 1889; il lui a donné le nom d'Albert-Édouard et a reconnu qu'il se déversait dans le lac Albert.

L'Allemand Schweinfurth a exploré (1869-1871) le bassin du Bahr-el-Ghazal, le pays des Niams-Niams et découvert l'Ouellé. Assez longtemps demeurée mystérieuse et souvent considérée comme étant le cours supérieur du Chari, cette rivière a été depuis reconnue comme appartenant au bassin du Congo.

Entre le lac Victoria et les montagnes de l'Abyssinie, le Hongrois Teleki a découvert (1888) plusieurs lacs (le grand lac Rodolphe, le petit lac Stéphanie).

Zambèze et Congo. L'ère des grandes découvertes à l'intérieur de l'Afrique tropicale du sud commence avec le missionnaire écossais Livingstone. Les explorations de Livingstone se divisent en trois périodes :

1° De 1849 à 1856, Livingstone a découvert la moitié supérieure du bassin du Zambèze et accompli la première traversée de l'Afrique faite par un Européen. — Venu par le pays des Betchouanas, Livingstone traverse les steppes du Kalahari et découvre (1849) le lac Ngami. En 1851, il découvre le bassin supérieur du Zambèze. En 1853, il part du haut Zambèze et atteint, en franchissant le cours supérieur des affluents de gauche du Congo, la côte occidentale d'Afrique à Loanda (1854). Bientôt il retourne à l'est, reprenant en sens contraire son voyage précédent, descend le Zambèze, découvre les chutes Victoria (1855) et arrive (1856) à Quilimane, sur l'océan Indien. C'est la première traversée de l'Afrique (de Loanda à Quilimane, 1854-1856) faite par un Européen.

2° De 1858 à 1864, Livingstone explore le bassin inférieur du Zambèze, qu'il relie à ses découvertes précédentes. Il reconnaît (1859) le Chiré, le lac Chiroua et le lac Nyassa (ancien lac des Maravis), sur lequel on avait, depuis le XVIIe siècle, quelques notions confuses.

3° De 1866 à 1873, Livingstone veut relier ses découvertes à celles de Burton et de Speke, en explorant les régions inconnues situées entre le Nyassa et le Tanganyika. Il cherche les sources du Nil, auxquelles il rattache par hypothèse le Tanganyika, et découvre celles du Congo. — Parti de la côte orientale d'Afrique, il remonte la Rovouma, contourne le Nyassa par le sud (1866), atteint (1867) la rive méridionale du Tanganyika, qu'il prend pour un lac distinct (lac Liemba), découvre une série de lacs (lac Moéro, 1867; lac Bangouéolo, 1868) à l'ouest et au sud du Tanganyika, revient au Tanganyika (1869), traverse le Manyéma, atteint le Loualaba (1871) à Nyangoué, retourne à la région du Bangouéolo (1872), avec l'intention de reconnaître méthodiquement, depuis les sources, tout le cours supérieur du Loualaba, et meurt sur la rive méridionale du Bangouéolo (1873).

Des expéditions (Stanley, Cameron) envoyées à la recherche de Livingstone ont eu pour conséquence de nouvelles découvertes :

1° L'Américain Stanley (1871-1872), parti de Zanzibar, rencontra Livingstone à Oudjidji (1871) et explora avec lui la partie septentrionale du Tanganyika ; il fut alors constaté que ce lac ne se déversait pas, au nord, dans la direction du Nil.

2° L'Anglais Cameron (1873-1875), parti de Zanzibar, recueillit le corps de Livingstone, reconnut ensuite (1874) l'extrémité sud du Tanganyika, découvrit la Loukouga, déversoir occidental de ce lac, atteignit le Loualaba à Nyangoué, puis, tournant au sud-ouest, arriva à la côte occidentale d'Afrique à Catumbella (un peu au nord de Benguella).

Stanley a descendu le Loualaba (Congo) depuis Nyangoué jusqu'à l'Atlantique et révélé l'immensité de ce fleuve et de son bassin. Reprenant ensuite son œuvre en sens contraire, il a remonté le Congo depuis son embouchure jusqu'aux chutes qu'il forme aux environs de l'équateur et installé des établissements européens et la civilisation le long de ce fleuve. Il a complété les découvertes de Burton, de Speke, de Baker, de Livingstone. Il a de plus ajouté d'importantes notions à celles que l'on possédait déjà sur la région des grands lacs d'où vient le Nil et découvert le lac Albert-Edouard d'où sort la branche occidentale du Nil. A deux reprises, par des routes nouvelles et dangereuses, il a traversé l'Afrique.

1° Dans son premier voyage (1871-1872), Stanley retrouve Livingstone (voir ci-dessus). Il accomplissait sa mission aux frais d'un grand journal américain, le *New-York Herald.*

2° Dans un second voyage (1874-1877), accompli aux frais de deux journaux associés, le *New-York Herald* et le *Daily Telegraph* (journal de Londres), Stanley a complété successivement les découvertes de Speke, de Burton, de Livingstone, descendu le Congo et traversé l'Afrique. — Parti de Zanzibar, il a d'abord exploré la majeure partie du lac Victoria (1875); il a ensuite découvert (1876), au sud du lac Albert, une vaste étendue d'eau (le golfe Béatrice), considérée primitivement comme faisant partie de ce lac et qui en a plus tard été distinguée sous le nom de Mouta Nzigé. Puis il a relevé tout le littoral du Tanganyika. Arrivé à Nyangoué, il a descendu le Loualaba (1876-1877), depuis Nyangoué jusqu'à l'Atlantique, et constaté l'identité du Loualaba et du Congo.

3° Dans un troisième voyage (1879-1884), accompli pour le compte du Comité d'études du haut Congo (devenu ensuite l'Association internationale du Congo, puis, en 1885, l'État indépendant du Congo, qui a pour souverain le roi des Belges), Stanley a remonté méthodiquement le Congo depuis l'embouchure jusqu'aux chutes voisines de l'équateur, construit des routes à travers la région accidentée des chutes du bas Congo, lancé des vapeurs sur le fleuve en amont de cette région et installé une série de postes jusqu'aux Stanley-Falls.

4° Dans un quatrième voyage (1887-1889), Stanley, envoyé par un Comité anglais, s'est porté à la rencontre des troupes égyptiennes qui occupaient les contrées du haut Nil où, depuis le soulèvement de l'ancien Soudan égyptien, elles se maintenaient isolées de l'Égypte, sous le commandement d'Européens (Émin). Parti du bas Congo, Stanley a remonté l'Arouwimi, traversé d'immenses forêts vierges jusque-là inconnues, atteint le lac Albert et rejoint Émin. Il s'est ensuite (1889) dirigé avec lui sur la côte orientale où il a débouché à Bagamoyo. Chemin faisant, il a exploré la rive septentrionale et orientale du Mouta Nzigé auquel il a donné le nom de lac Albert-Édouard, constaté que ce lac appartient au bassin du Nil et se déverse dans le lac Albert par le Semliki, découvert le haut massif neigeux du Rouvenzori.

Dans les régions de l'Afrique tropicale dont Livingstone, Burton, Speke et Stanley ont ouvert la route, de très nombreuses explorations, dont la série se poursuit aujourd'hui, ont été accomplies; elles ajoutent d'importants détails aux grandes notions d'ensemble acquises déjà.

Le Français Giraud (1883-1884), venu par la côte orientale, a exploré le bassin supérieur du Congo (lac Bangouéolo, Louapoula, lac Moéro) et rectifié complètement la carte du Bangouéolo, dont la direction était précédemment figurée de l'est à l'ouest.

Partis du Gabon, occupé par la France en 1843, de nombreux voyageurs (Compiègne, Marche, Brazza) ont exploré l'Ogooué. Brazza, après avoir constaté que l'Ogooué n'avait qu'une importance secondaire et découvert l'Alima (1878), a atteint (1880), en remontant l'Ogooué, le Congo que Stanley avait descendu en 1877. La domination française s'étend aujourd'hui depuis la côte jusqu'à la rive droite du Congo et de l'Oubanghi.

A leur tour, les Portugais ont dirigé, entre leurs possessions de l'Angola et du Mozambique, diverses expéditions à l'intérieur : traversée de l'Afrique par Serpa-Pinto (1877-1879, de Benguella à Durban); traversée de l'Afrique par Capello et Ivens (1884-1885, de Mossamédès à Quilimane).

Dans l'immense domaine de l'État indépendant du Congo, de nombreux voyages ont été faits. La reconnaissance des grandes artères navigables du bassin du Congo, facilitée par les bateaux à vapeur lancés sur le fleuve, se poursuit avec rapidité. Citons notamment l'exploration des deux rivières reconnues comme étant les deux grands affluents du Congo, à savoir le Kassaï, descendu par l'Allemand Wissmann (1885), et l'Oubanghi, remonté par l'Anglais Grenfell (1885) et dont l'Ouellé, découvert par Schweinfurth, constitue le cours supérieur; les voyages de Delcommune (1890-1893) dans le haut Congo.

Un intérêt spécial s'attache aux explorations françaises tentées dans la région entre le Congo et le Tchad : celle de Crampel (1890-1891), qui fut massacré à El Kouti; celle de Dybowski (1891-1892), dans le bassin du Chari; celle de Cholet (1892-1893), dans le haut bassin de la Sangha et jusqu'à Yola, dans l'Adamoua; celle de Maistre (1892-1893), qui, parti de la Kemo, affluent de droite de l'Oubanghi, parcourut le Chari, le Baghirmi, et, par Yola, arriva à l'embouchure du Niger; celle de Mizon (1890-1892), qui, parti de l'embouchure du Niger, atteignit N'Gaoundéré, puis la Sangha, où il rencontra M. de Brazza.

On compte actuellement une vingtaine de traversées de l'Afrique faites par des Européens.

Les principales sont, avec celles de Monteil, de Gerhard Rohlfs, de Livingstone, de Cameron, de Stanley, de Serpa-Pinto, de Capello et Ivens, mentionnées plus haut, celles de Matteucci et Massari (1880-1881), de Souakim à l'embouchure du Niger; de l'Allemand Wissmann (1881-1882), de Saint-Paul-de-Loanda à Saadani, puis de nouveau, en 1886-1887, du Congo à Quilimane; de l'Autrichien Lenz (1884-1885), de Boma à Bagamoyo, et du Suédois Gleerup (1885-1886), également de Boma à Bagamoyo; du Français Trivier (1888-1889), sous les auspices du journal bordelais *la Gironde*, de Loango à Quilimane; de l'Allemand de Götzen (déc. 1893 à déc. 1894), de Pangani à Banana : il a fait des découvertes importantes dans la région au nord du Tanganyika et notamment celle du lac Kivou, affluent du Tanganyika; de Versepuy (1895-1896), qui a été de Mombaz à Matadi. Il va falloir désormais ajouter à cette liste l'expédition du commandant Marchand réservée à une si douloureuse célébrité.

Amérique.

Conduits par le Génois Christophe Colomb qui cherchait par l'ouest une route vers les Indes, les Espagnols découvrent l'Amérique (1492, arrivée de Colomb aux Lucayes). Ils multiplient avec rapidité leurs explorations et leurs conquêtes.

Avant la fin du XVe siècle, la majeure partie des Antilles, la côte nord et nord-est de l'Amérique du sud étaient reconnues. Colomb (troisième voyage), dès 1498, avait atteint le continent de l'Amérique du sud aux abords du golfe de Paria et découvert l'embouchure de l'Orénoque. Hojeda (1499-1500) explore la Terre ferme (littoral méridional de la mer des Antilles). Vincent Pinzon franchit l'équateur et atteint (1500) l'extrémité orientale (cap

Saint-Augustin, au Brésil) de l'Amérique du sud, puis reconnaît la côte nord-est de ce continent et l'embouchure de l'Amazone. Le Portugais Alvarez Cabral, se dirigeant vers les Indes par la route du cap de Bonne-Espérance, était rejeté à l'ouest par les courants et rencontrait fortuitement (1500), quelques mois après Pinzon, le Brésil.

Colomb (quatrième voyage), continuant à chercher un passage vers les Indes, longe (1502) la côte orientale de l'Amérique centrale, depuis le Honduras jusqu'à l'isthme de Darien. Ponce de Léon découvre la Floride (1512), Hernandez de Cordova découvre le Yucatan (1517). Juan de Grijalva explore le littoral oriental du Mexique (1518). Le Mexique est conquis par Fernand Cortez (1519-1521), le Pérou par Pizarre, associé à d'autres chercheurs d'aventures (1532-1535), le Chili par Almagro (1535). Orellana descend l'Amazone (1540). Fernando de Soto parcourt en divers sens le bassin inférieur du Mississipi (1539-1542).

Nuñez de Balboa, franchissant l'isthme de Darien, avait aperçu (1513) le Grand océan et les Espagnols cherchèrent bientôt, par le sud de l'Amérique, une route pour atteindre cette mer. C'est en cherchant le passage que Juan Diaz de Solis remonta (1515) l'estuaire du Rio de la Plata. Une expédition espagnole, conduite par le Portugais Magellan, franchit (1520) le détroit de Magellan, ouvrit la route du Pacifique et fit le premier tour du monde.

Avant la fin du xve siècle, l'exploration de la côte orientale de l'Amérique du nord était commencée par des peuples autres que les Espagnols. Quelques années à peine après la découverte de Colomb, deux Vénitiens, Jean Cabot et son fils Sébastien Cabot, établis à Bristol, avaient entrepris, pour le compte de l'Angleterre, la reconnaissance des parages du nord-est de l'Amérique. Dès 1494, Jean Cabot apercevait quelques-unes des îles situées à l'entrée du golfe de Saint-Laurent; en 1497, il longeait le Labrador et découvrait Terre-Neuve. En 1498, Sébastien Cabot explorait la côte orientale, depuis le détroit de Davis jusqu'à une certaine distance de la Floride.

La France à son tour prenait part aux expéditions dans le

Nouveau Monde : le Florentin Verazzano, d'après les ordres de François Ier, allait à la découverte et explorait (1523), après les Cabot, la côte orientale de l'Amérique du nord; Jacques Cartier, de Saint-Malo, remontait (1535) le fleuve Saint-Laurent, découvrant ainsi le Canada.

L'exploration des deux grands fleuves (Saint-Laurent et Mississipi) de l'Amérique du nord est l'œuvre des Français. Établis au Canada dès les premières années du XVIIe siècle (fondation de Québec par Champlain, 1608), les Français avaient de là dirigé leurs courses vers la baie d'Hudson, les grands lacs du Saint-Laurent et le bassin supérieur du Mississipi. Marquette et Joliet (1673) avaient atteint le Mississipi par la vallée du Wisconsin et l'avaient descendu jusqu'au delà des confluents du Missouri et de l'Ohio. Cavelier de la Salle (1682), venu par la vallée de l'Illinois, descendit le Mississipi jusqu'à la mer. Il donna à la contrée traversée par lui le nom de Louisiane.

En 1616, le Hollandais Le Maire, se rendant d'Europe à Java, avait le premier doublé le cap Horn.

Dès le XVIe siècle, les Espagnols avaient reconnu la plus grande partie du littoral américain du Pacifique depuis le Chili jusqu'à la côte de l'État actuel de Californie. A la fin du XVIIIe siècle, l'Anglais Vancouver (1792-1795) explora la région insulaire qui borde au nord-ouest le continent américain et constata que le détroit entre le Pacifique et l'Atlantique, dont on avait longtemps supposé l'existence dans ces parages, était une fiction; l'Anglais Mackenzie explora le bassin du fleuve qui a pris son nom.

L'Allemand Humboldt et le Français Bonpland ont accompli (1799-1804) un grand voyage scientifique dans les régions tropicales de l'Amérique espagnole. — Le Français Crevaux (1877-1882) a exploré plusieurs rivières de l'Amérique du sud (rivières des Guyanes; affluents de gauche de l'Amazone; Guaviare, affluent de gauche de l'Orénoque). Il a trouvé la mort dans une expédition sur le Pilcomayo.

Océanie.

La découverte de l'Océanie par les Européens a commencé au XVIe siècle, une vingtaine d'années après que les Portugais eurent franchi le cap de Bonne-Espérance. Les principales explorations sont : au XVIe siècle, celle de la Malaisie; au XVIIe, celle de la Mélanésie; au XVIIIe, celle de la Polynésie; au XIXe, celle de l'intérieur du continent australien. Les principaux explorateurs sont : au XVIe siècle, les Portugais et les Espagnols; au XVIIe, les Hollandais; au XVIIIe, les Anglais et les Français.

Maîtres de Malacca en 1511, les Portugais faisaient bientôt (première moitié du XVIe siècle) la reconnaissance d'une grande partie de la Malaisie et notamment des Moluques où ils établissaient des forts et des relations commerciales; ils arrivaient jusqu'à la côte nord-ouest de la Nouvelle-Guinée et apercevaient quelques points de l'Australie.

Magellan, dans son voyage autour du monde, traversait le Pacifique, sans rencontrer les archipels de la Polynésie, et arrivait (1521) aux îles Mariannes et aux Philippines.

Au XVIe siècle et au commencement du XVIIe, diverses traversées faites par les Espagnols entre la côte occidentale d'Amérique et la Malaisie eurent pour conséquence quelques découvertes : Mendaña découvre les îles Salomon (1568), les Marquises (1595); en 1606, Quiros découvre Tahiti et les Nouvelles-Hébrides, Torrès franchit le détroit auquel on a donné son nom.

Dès la fin du XVIe siècle, les Hollandais avaient commencé à disputer aux Portugais le commerce de l'Extrême-Orient; bientôt ils les supplantaient en Malaisie (fondation de Batavia, 1619). Dès la première moitié du XVIIe siècle, ils relevaient méthodiquement les côtes de la moitié occidentale de la Nouvelle-Hollande (Australie). Au large de l'Australie, Tasman (1642-1643) explorait les mers qui baignent au sud et à l'est cette grande terre dont il reconnaissait le caractère insulaire; il découvrait ainsi en 1642 la terre de Van Diemen (Tasmanie), la Nouvelle-Zélande; en 1643, les îles Tonga, les îles Fidji.

Le XVIIIe siècle et surtout la seconde moitié de cette période sont, pour la Polynésie, l'époque des grandes découvertes et, pour la majeure partie de l'Océanie, l'époque des relevés scientifiques. Ces résultats sont dus aux marins anglais (Wallis, Carteret, Cook) et français (Bougainville, Entrecasteaux).

Bougainville en 1768 visitait Tahiti, où Wallis l'avait précédé huit mois auparavant, les îles Samoa, les Nouvelles-Hébrides; il découvrait l'archipel de la Louisiade.

Cook est le grand explorateur du Pacifique. Il vit le premier de nombreuses terres, confirma d'anciennes découvertes et accomplit, avec une précision scientifique, le relevé détaillé de régions déjà aperçues par d'autres.

Dans un premier voyage (1768-1771), il explorait l'archipel de la Société (1769), le littoral entier de la Nouvelle-Zélande (1769-1770), qui n'avait pas été revue depuis la découverte de Tasman, la côte orientale d'Australie (1770), inconnue jusqu'alors, le détroit de Torrès.

Dans un second voyage (1772-1775), il visitait les îles Tonga, les Marquises, les Nouvelles-Hébrides et découvrait (1774) la Nouvelle-Calédonie. Durant ce voyage, il avait exploré les régions polaires antarctiques.

Dans un troisième voyage (1776-1779), il découvrait (1778) les îles Sandwich (îles Hawaii), où il fut tué par les indigènes en 1779. Durant ce voyage, il avait traversé le détroit de Béring et visité la côte américaine jusqu'à un point où les glaces l'arrêtèrent, et qu'il nomma cap des Glaces.

Ses voyages ont démontré la non-existence du continent austral que les théories scientifiques d'alors supposaient devoir exister pour faire contrepoids à la masse des terres de l'hémisphère boréal.

Au XIXe siècle, divers voyages ont été accomplis dans les déserts de l'Australie. Burke, Wills, Gray et King traversèrent les premiers l'Australie, du sud au nord (1860 1861), et King seul survécut à ce voyage. Mac Douall Stuart (1860-1862) renouvela le même exploit; puis vinrent Giles, Warburton, Forrest, Leichhardt, etc. L'Italien d'Albertis, le Russe

Mikluko-Maklay, ont attaché leur nom à l'exploration de la Nouvelle-Guinée.

Régions polaires.

Régions polaires arctiques. Dès le moyen âge, les Scandinaves ont connu le Grönland et quelques régions du continent américain situées au sud du Grönland.

L'Islande avait été peuplée par des Norvégiens dans la seconde moitié du IXe siècle. A leur tour, dès la seconde moitié du Xe siècle, les Scandinaves de l'Islande fondaient des établissements au Grönland, avec lequel les Norvégiens ont entretenu des relations jusqu'au XVe siècle et où des établissements norvégiens ont été créés de nouveau au XVIIIe siècle.

Du Grönland les Scandinaves, dès la fin du Xe siècle, s'étaient portés sur la côte nord-est du continent américain, qu'ils semblent avoir connu depuis le Labrador jusqu'au sud du Saint-Laurent et où se plaçait une région qu'ils appelaient Vinland.

La découverte de l'Amérique par Colomb fut bientôt suivie d'entreprises maritimes dirigées vers les régions polaires arctiques par divers peuples et surtout par les Anglais. Jusqu'au XIXe siècle, ces entreprises eurent habituellement pour objet la recherche d'un passage commercial entre l'Europe et les Indes orientales. Ce passage fut cherché, soit par le nord-ouest de l'Amérique, soit par le nord-est de l'Europe, soit même directement par le nord.

Quelques années à peine après l'arrivée de Colomb aux Antilles, Jean et Sébastien Cabot (1497), Sébastien Cabot seul (1498), Italiens établis à Bristol, le Portugais Gaspar Cortereal (1501), exploraient les parages du Labrador.

Au nord-est de l'Europe, l'Anglais Chancellor pénétra dans la mer Blanche (1553), ouvrant ainsi des relations par mer avec la Moscovie. Bientôt après, l'Anglais Burrough (1556) s'avançait à l'est jusqu'au détroit de Kara et reconnaissait l'île de Vaïgatz et l'extrémité méridionale de la Nouvelle-Zemble. — Les Hollandais, à leur tour, dans la seconde moitié du XVIe siècle, tentaient la découverte du passage nord-est. Le Hollandais Barents fit trois expéditions (1594-1596) dans les mers polaires du nord de l'Europe, explora la Nouvelle-Zemble et découvrit (1596) le Spitzberg.

Les Anglais firent, dans la seconde moitié du XVIe siècle et la première moitié du XVIIe, de nombreuses tentatives à la recherche du passage du nord-ouest. Frobisher, en trois voyages (1576-1578), explora la partie sud-est de la région insulaire appelée depuis Terre de Baffin. Davis fit aussi trois voyages (1585-1587) et visita les côtes du détroit qui porte son nom. Hudson (1610) contourna la côte du Labrador et découvrit la baie d'Hudson dont l'exploration fut bientôt achevée par d'autres navigateurs. Baffin (1616) s'engagea, au nord du détroit de Davis, jusqu'à l'extrémité septentrionale de la mer de Baffin, dont il fit le tour; il découvrit et nomma les détroits de Smith, de Jones et de Lancastre, mais il prit ces bras de mer pour des baies fermées. La recherche d'un passage commercial par le nord-ouest fut alors abandonnée.

Au XVIIIe siècle, les Russes relevaient peu à peu le littoral de la Sibérie. Le pilote russe Tchéliouskine découvrit (1742) le cap qui porte son nom. Le chasseur Liakhov, parti du continent asiatique en traîneau, découvrit (1770) l'archipel de la Nouvelle-Sibérie. Le Danois Béring, au service de la Russie, contourna (1728) l'extrémité orientale de l'Asie par le détroit de Béring; plus tard (1741), il découvrit la presqu'île d'Alaska et les îles Aléoutiennes. — L'Anglais Cook (1778) fit le relevé scientifique des deux rives du détroit de Béring et, pénétrant dans l'océan Glacial, reconnut l'extrémité nord-ouest du continent américain jusqu'au cap Glacé, où il fut arrêté par la banquise.

Les explorations accomplies au XIXe siècle dans les régions polaires arctiques ont eu pour objet l'intérêt géographique et scientifique. Pour la plupart, elles sont dues aux Anglais et, après eux, aux Américains des États-Unis.

Les expéditions scientifiques anglaises à la recherche du passage nord-ouest ont commencé en 1818.

Parry (1819-1820), venu par la mer de Baffin, franchit le détroit de Lancastre, découvrit les détroits du Prince Régent et de Barrow, le bassin Melville et l'archipel Parry. — Dans un second voyage (1821-1823), il chercha le passage plus au sud, en pénétrant par le détroit d'Hudson, reconnut la presqu'île Melville et le détroit de Fury et Hékla. — Dans un troisième voyage (1824-1825), il essaya vainement de franchir, au sud du détroit de Lancastre, le détroit du Prince Régent. — Dans un quatrième voyage (1827), fait directement au nord de l'Europe, Parry se rendit à la côte septentrionale du Spitzberg, puis, se lança en traîneau sur la glace, au nord du Spitzberg, et parvint jusqu'à 82° 45' latitude nord, le point le plus avancé atteint jusque-là dans la direction du pôle.

John Ross, venu par le détroit de Lancastre, passa quatre hivers (1829-1833) dans les glaces du détroit du Prince Régent et découvrit la presqu'île Boothia Felix.

John Franklin, après avoir traversé (1845) les détroits de Lancastre et de Barrow et reconnu diverses terres au nord de ces parages, s'engagea au sud dans le détroit de Franklin. L'expédition (1845-1848) périt tout entière en essayant de gagner, par l'île du Roi Guillaume, le continent américain.

De nombreuses expéditions, envoyées pendant dix ans (1848-1858) à la recherche de Franklin, ont eu pour résultats géographiques l'exploration détaillée de l'archipel polaire américain et la découverte, faite par Mac Clure, du passage nord-ouest. Venu par le détroit de Béring, Mac Clure (1850-1853) contourna l'île de Banks et, traversant sur la glace le détroit dit de Mac Clure ou de Banks, relia ses découvertes à celles de Parry. — Mac Clintock trouva (1859), dans l'île du Roi Guillaume, les preuves du désastre de Franklin.

La reconnaissance des régions du continent américain voisines des glaces polaires avait été entamée, dans la seconde moitié du XVIIIe siècle, par deux agents de la Compagnie de la baie d'Hudson, Hearne et Mackenzie. Le relevé par terre du littoral septentrional du continent américain est dû surtout à John Franklin (1819-1822 et 1825-1827) et a été complété par Back (1833-1835) et par Dease et Simpson (1838-1839).

Dans la seconde moitié du XIXe siècle, des expéditions dirigées, pour la plupart, par des Américains des États-Unis, se sont avancées progressivement, au nord de la mer de Baffin, dans la direction du pôle par les détroits situés entre le Grönland et l'archipel polaire.

L'Anglais Inglefield (1852) avait reconnu que le détroit de Smith, au lieu d'être une baie fermée, comme l'avait cru Baffin, ouvrait une route vers le nord. Diverses expéditions américaines (Kane, 1853-1855; Hayes, 1860-1861; Hall, 1871-1873) eurent pour résultat l'exploration des détroits de Smith, de Kennedy, de Robeson et mirent en avant l'idée d'une mer polaire à peu près libre de glaces. L'Anglais Nares (1875-1876) pénétra, par la même route, jusqu'au delà du 83e degré de latitude nord et substitua à l'idée d'une mer polaire libre celle d'une mer encombrée de glaces persistantes (mer paléocrystique). Une dernière expédition américaine, l'expédition Greely (1881-1884), chargée d'observations scientifiques dans une station de la côte nord-est de la terre de Grinnell, a poussé ses explorations jusqu'à 83° 24′ latitude nord (côte du Grönland).

L'expédition autrichienne du *Tegethof* (1872-1873), commandée par Payer et Weyprecht, se proposait la recherche du passage nord-est: entraînée par la banquise au nord de la Nouvelle-Zemble, elle a découvert l'archipel François-Joseph. — Une expédition suédoise (1878-1879), dirigée par Nordenskjöld, a franchi le passage nord-est et est arrivée de l'Atlantique au Pacifique par les mers du nord de la Sibérie.

Le Norvégien Nansen a traversé le premier l'intérieur du Grönland (1888). Parti de la côte orientale, il est arrivé à la côte occidentale, à quelque distance de Godthaab.

Quelques années après, Nansen devait accomplir la plus merveilleuse expédition polaire qui ait eu lieu jusqu'ici.

Frappé de cette idée que le courant nord-sud constaté entre le Grönland et le Spitzberg devait être alimenté par le courant sud-nord du détroit de Béring et par l'apport des fleuves sibériens, et qu'il devait y avoir possibilité de l'utiliser pour se rapprocher du pôle, il résolut d'y lancer son navire *le Fram*. Il partit de Christiania le 24 juin 1893 et se dirigea vers l'embouchure de la Léna, pour, de là, aller au nord, et se laissa entraîner dans la banquise. Celle-ci, conformément à ses conjectures, le porta vers le nord-ouest. Il atteignit, le 7 avril 1895, 86°14' 50" lat. nord, le point le plus septentrional auquel l'homme soit jusqu'ici arrivé. Il regagna la terre François-Joseph et fut ramené à Wardœhus le 13 août 1896. Il rapportait de cette expédition célèbre nombre d'observations du plus grand intérêt.

On ignore encore le résultat de l'expédition tentée par Andrée pour arriver au pôle nord en ballon.

Régions polaires antarctiques. Longtemps on avait supposé l'existence d'un vaste continent austral qui ferait équilibre aux terres de l'hémisphère boréal. Cook (second voyage, 1772-1775) renversa cette hypothèse : il fit le tour de l'océan Glacial du sud et essaya, par diverses longitudes, de s'approcher autant que possible du pôle austral ; souvent arrêté par la banquise, il atteignit néanmoins le cercle polaire antarctique et dépassa même (1774) le 71e degré de latitude sud ; il découvrit (1775), au sud de l'Atlantique, la Géorgie méridionale et les Sandwich méridionales.

Interrompues après Cook, les explorations dans les mers polaires australes ont recommencé en 1819 avec le Russe Bellingshausen, ont été poursuivies par des baleiniers anglais (Weddell, Kemp, Biscoe, Balleny) et ont presque toutes pris fin en 1843, après les grandes expéditions scientifiques de Wilkes, de Dumont d'Urville et de James Ross. Elles ont reculé vers le pôle sud la limite de nos connaissances et montré qu'il existait des terres plus rapprochées de ce pôle que le point atteint par Cook.

Diverses terres avaient été découvertes, aux approches du cercle polaire austral et sur ce cercle (Shetland méridionales, 1819; Terre Alexandre I, 1821; Terre Enderby, 1831; Terre Graham, 1832; etc.). Weddell avait rencontré (1823) des eaux libres de glaces jusqu'au delà du 74e degré de latitude sud. Des expéditions scientifiques (1838-1843), envoyées à peu près simultanément par les États-Unis (Wilkes), l'Angleterre (James Ross), la France (Dumont d'Urville), ont donné à penser qu'il existait peut-être, à partir du cercle polaire et dans la direction du pôle, une grande étendue de terres continues. Dumont d'Urville découvrit (1840) la Terre Clarie, la Terre Adélie, au sud de la Tasmanie, sur le cercle polaire. Wilkes signala (1840) de nombreuses apparences de terres, au sud de l'Australie, le long du cercle polaire. James Ross découvrit (1841), au delà du cercle polaire, la Terre Victoria, les hauts sommets volcaniques de l'Erebus et du Terror et reconnut la présence des terres jusque vers le 79e degré de latitude. Ross est, de tous les navigateurs, celui qui s'est le plus approché (1842) du pôle sud (jusqu'à 78° 9' de latitude).

TABLE

Bordeaux. — Imprimerie G. GOUNOUILHOU, 11, rue Guiraude.

EXTRAIT DES PUBLICATIONS

De la Librairie FERET ET FILS, 15, c. de l'Intendance

OUVRAGES DE M. J. GEBELIN

Éléments de géographie, 4 volumes in-8°, cartonnés :

La Terre, l'Amérique .... F. 1 50

France et colonies françaises .... 2 »

Europe .... 2 »

Asie, Afrique, Océanie (sous presse).

Histoire des milices provinciales (1688-1791). Le tirage au sort sous l'ancien régime. Paris, 1882, in-8° .... 6 »

Les milices provinciales de Nimes, d'après les archives nimoises. Nimes, A. Catélan, 1886, grand in-8° 1 50

Gabriel et Ed. Feret. Géographie du département de la Gironde avec gravures et carte. Ouvrage autorisé par le Conseil académique de Bordeaux. In-18, cartonné .... 1 »

Suttle (L.). Grammaire complète pour enseigner et pour apprendre facilement, progressivement, infailliblement, à lire, à écrire, à parler la **langue anglaise,** in-12, cartonné . 4 »

(Ouvrage honoré d'un diplôme de médaille d'argent de la Société Philomathique.)

Beauroyre (Mme de). Poésies morales : *Aux tout petits.* Morale, lecture, récitation. Cours élémentaire et préparatoire, conforme au programme : in-12 illustré, cartonné..... 1 15

— Poésies morales : *Aux enfants de la France.* Cours supérieur et moyen, in-12, cartonné.................... 1 60

Dr J.-A. Guillaud, professeur à la Faculté de médecine de Bordeaux. Flore de Bordeaux et du Sud-Ouest, in-12, relié toile .... 5 »

L. Blayot et Edouard Feret.

LES MÉDAILLONS BORDELAIS

(OUVRAGE EN COURS DE PUBLICATION)

38me Livraison

Contenant le Portrait et la Biographie de M. J. Gebelin

Grand in-4°, 1 fr. 50

Bordeaux. — Impr. G. Gounouilhou, 11, rue Guiraude.

www.ingramcontent.com/pod-product-compliance
Ingram Content Group UK Ltd.
Pitfield, Milton Keynes, MK11 3LW, UK
UKHW020924180726
13838UKWH00002B/750